财务会计管理模式研究

程美英 著

北京工业大学出版社

图书在版编目（CIP）数据

财务会计管理模式研究 / 程美英著．— 北京：北京工业大学出版社，2021.4
 ISBN 978-7-5639-7904-2

Ⅰ．①财⋯ Ⅱ．①程⋯ Ⅲ．①企业管理－财务会计－研究 Ⅳ．① F275.2

中国版本图书馆 CIP 数据核字（2021）第 081792 号

财务会计管理模式研究
CAIWU KUAIJI GUANLI MOSHI YANJIU

著　　者：	程美英
责任编辑：	李俊焕
封面设计：	知更壹点
出版发行：	北京工业大学出版社
	（北京市朝阳区平乐园 100 号　邮编：100124）
	010-67391722（传真）　bgdcbs@sina.com
经销单位：	全国各地新华书店
承印单位：	唐山市铭诚印刷有限公司
开　　本：	710 毫米 ×1000 毫米　1/16
印　　张：	9.75
字　　数：	195 千字
版　　次：	2023 年 4 月第 1 版
印　　次：	2023 年 4 月第 1 次印刷
标准书号：	ISBN 978-7-5639-7904-2
定　　价：	60.00 元

版权所有　翻印必究

（如发现印装质量问题，请寄本社发行部调换 010-67391106）

作者简介

程美英,高级会计师,从事财务实践与教学工作26年,现任职于广东东软学院。他曾担任上市公司财务总监,后从事高职院校、本科院校的财务专业课程教学工作,主讲税收筹划、基础会计、中级会计、高级会计、经济法、成本会计、会计模拟仿真、ERP财务信息系统等课程,发表论文数十篇。他拥有丰富的实践与教学工作经验,用实践化、实用化、标准化的方式去教学,并开发出行业真账实操、出口退税会计、企业经理人会计信息运用、企业税收筹划实务等课程,这些课程有助于提高会计专业学生的工作能力,拓展学生的职业上升空间。

前　　言

　　电子商务企业在经济发展方面的作用已经得到普遍的认可。电子商务企业在培养创新能力、提升企业绩效、转变产业结构、促进就业、提高人均收入水平和区域经济增长率等方面起到了极其重要的作用。随着电子商务研究的日益深入，人们对电子商务企业的研究视角不断扩展，传统的企业财务会计管理理论亟待更新，传统的企业财务会计管理模式已难以适应时代需求。因此，探究电子商务情境下适合企业经营管理、生存及发展的理论，尤其是研究适合电子商务企业的财务会计管理模式，既有其理论必要性，又有其现实必要性。本书就以电子商务企业为例，研究财务会计管理模式。

　　本书共分为八章。第一章为绪论，主要包括电子商务概述、电子商务的模式、电子商务的发展态势、电子商务企业的特点、电子商务企业的财务战略目标等内容；第二章为企业财务会计管理的现状，主要阐述了电子商务企业的发展历程和现状、电子商务企业的发展环境、电子商务与企业财务会计管理、电子商务企业财务会计管理的新理念等内容；第三章为企业财务会计管理的流程，主要阐述了企业财务会计管理流程对比和电子商务企业财务会计管理流程设计内容等内容；第四章为企业财务会计管理的模式，主要包括财务会计管理模式概述、电子商务企业财务会计管理模式的三个维度等内容；第五章为企业财务会计管理的风险，主要阐述了电子商务企业财务会计管理的风险类型、电子商务企业财务会计管理的风险状况和存在原因、电子商务企业与传统企业财务会计管理的风险比较、电子商务企业财务会计管理的风险管理体系构建等内容；第六章为企业财务会计管理的战略实施，主要包括电子商务企业财务会计管理战略的内容剖析和电子商务企业财务会计管理战略的实施等内容；第七章为企业财务会计管理模式的应用，主要阐述了企业财务会计管理模式的具体应用——以京东集团为例、企业财务会计管理模式的具体应用——以当当网为例、企业财务会计管理模式的具体应用——以淘宝网为例等内容；第八章为企业财务会计管理模式的改进，主要阐述了电子商务企业财务会计管理模式现状的影响因素和电子商务企业财务会计管理模式的改进等内容。

　　为了确保研究内容的丰富性和多样性，笔者在写作过程中参考了大量研究文献，在此向涉及的专家学者表示衷心的感谢。

　　最后，限于笔者水平，加之时间仓促，本书难免存在一些不足之处，在此恳请读者朋友批评指正。

目 录

第一章 绪 论 ·· 1
第一节 电子商务概述 ·· 1
第二节 电子商务的模式 ·· 4
第三节 电子商务的发展态势 ·· 6
第四节 电子商务企业的特点 ·· 11
第五节 电子商务企业的财务战略目标 ···································· 12

第二章 企业财务会计管理的现状 ·· 15
第一节 电子商务企业的发展历程和现状 ································ 15
第二节 电子商务企业的发展环境 ·· 20
第三节 电子商务与企业财务会计管理 ···································· 21
第四节 电子商务企业财务会计管理的新理念 ······················· 24

第三章 企业财务会计管理的流程 ·· 26
第一节 企业财务会计管理流程对比 ·· 26
第二节 电子商务企业财务会计管理流程设计内容 ··············· 30

第四章 企业财务会计管理的模式 ·· 32
第一节 财务会计管理模式概述 ·· 32
第二节 电子商务企业财务会计管理模式的三个维度 ··········· 47

第五章 企业财务会计管理的风险 ·· 52
第一节 电子商务企业财务会计管理的风险类型 ··················· 52
第二节 电子商务企业财务会计管理的风险状况和存在原因 ··· 53
第三节 电子商务企业与传统企业财务会计管理的风险比较 ···· 58
第四节 电子商务企业财务会计管理的风险管理体系构建 ······ 59

第六章　企业财务会计管理的战略实施 74
第一节　电子商务企业财务会计管理战略的内容剖析 74
第二节　电子商务企业财务会计管理战略的实施 84

第七章　企业财务会计管理模式的应用 96
第一节　企业财务会计管理模式的具体应用——以京东集团为例 96
第二节　企业财务会计管理模式的具体应用——以当当网为例 116
第三节　企业财务会计管理模式的具体应用——以淘宝网为例 130

第八章　企业财务会计管理模式的改进 133
第一节　电子商务企业财务会计管理模式现状的影响因素 133
第二节　电子商务企业财务会计管理模式的改进 135

参考文献 145

第一章 绪 论

近年来，我国电子商务行业持续发展，为满足消费者的消费行为和消费方式不断变化的需求，转型线上已成为企业发展的主流趋势，企业迎来了新的发展创新机遇。但是，电子商务企业在财务会计管理方面与传统行业存在诸多差异，如何做好财务会计管理工作成为电子商务企业生存和发展的关键所在。本章分为电子商务概述、电子商务的模式、电子商务的发展态势、电子商务企业的特点、电子商务企业的财务战略目标五部分，主要内容包括电子商务的概念和类型、电子商务的基本属性、电子商务的竞争优势等。

第一节 电子商务概述

一、电子商务的概念和类型

（一）电子商务的概念

电子商务（简称"电商"）是指通过互联网和现代通信技术进行的任何形式的信息交换、管理活动和商务运作。它包括企业与企业之间的网上交易和合作、内部的沟通与协调等方面的内容。狭义的电子商务是指人们在互联网上开展的交易或与交易相关的活动。广义的电子商务是指人们利用包括互联网、外联网、内联网在内的形式不一的相关信息技术使商务活动的电子化在所有相关活动中得以实现。它包括诸如电子支付、网络营销、物流配送等在内的业务流程，这些业务流程在企业商业活动中具有面向企业外部围绕电子化进行的特征。

（二）电子商务的类型

一是企业与个人消费者之间的商务（B2C）。在我国，B2C电子商务模式是最早产生的。

二是企业与企业之间的商务（B2B）。这是一种企业与企业之间通过互联网开展商务活动的电子商务模式。

三是个人消费者与企业之间的电子商务（C2B）。这是一种先由消费者提出需求，后由生产企业或商贸企业按需求组织生产或提供货源的电子商务模式。

四是个人消费者与个人消费者之间的电子商务（C2C）。这是一种个人消费者之间通过网络商务平台实现交易的电子商务模式。

五是商家与生产厂商相对应、消费者与商家相对应，或者消费者、供应商与生产厂商同时对应两种形式并构成交易链（B2B2C）。

六是线上互联网对线下商务活动（O2O）。这是将线上与线下二者联系起来，线下交易以互联网为端口进行。

七是电子政务，是指运用通信、网络和计算机等现代信息技术手段，不受空间和时间的限制，通过建立简洁、公平、廉政、高效、精细化的政府工作运作模式实现政府工作流程和组织结构的优化重组。常规的电子政务主要有三种模式：政府与个人消费者之间进行的电子政务、政府与企业之间进行的电子政务、政府与政府之间进行的电子政务。

八是协同商务（CC）。这是在商业活动中将供应链中具有商业利益共同体特征的合作伙伴进行整合，通过共享企业全部商业周期中的信息，从而实现商务协调，满足客户相关需求。

二、电子商务的基本属性

（一）商业性

电子商务虽然通过新的平台、新的方式实现，但其在本质上仍然是买卖双方之间的商业行为。电子商务依然具有商业行为的一切属性与特征，其过程也需要遵循商业道德、遵照商业契约，合规则、守规范。

（二）交易性

通过电子商务实现的交易行为，无论是买卖商品还是提供服务，依然是价值行为，存在使用价值的让渡与交易，价值与使用价值的价值规律依然发挥作用，电子商务行为本身依然是价值规律的体现。

（三）信息性

电子商务作为商业行为，必然涉及信息交换并产生商业信息。所以电子商务进行的过程本身也是信息流动的过程，涉及信息的收集、存储、中转、编制、披露等环节。随着信息技术的不断革新，电子商务的信息属性也越来越明显。

三、电子商务的竞争优势

（一）降低运营成本

相较实体店而言，网络销售平台尽管需要企业投入一定的资金进行维护，但是其建立和维护的成本远远低于线下，并且网络销售渠道不受时间和空间限制，可以使企业最大限度地扩展销售市场。

（二）降低采购成本

企业的采购程序烦琐，而通过电子信息技术进行企业采购活动，可以有效加强企业与供应商之间的协调合作，实现产品的生产制造和原材料采购的有机统一，通过集成化的信息系统进行一体化处理。

（三）减少对实体设施的依赖

传统的企业经营往往依赖于线下实体的基础设施建设。例如，传统零售业需要仓储、展厅、店铺等实体设施支撑企业的日常经营。电子商务的出现打破了之前的传统路径，企业可以通过互联网平台设立专门的销售经营网站，突破时间和空间的限制，实现开辟新的销售市场和渠道的目的。对于新兴的虚拟运作的企业而言，电子商务的出现为其发展提供了崭新的机遇，其所有销售环节，包括产品的研发、订购、销售和支付都可以通过互联网终端来实现。例如，图书音像、电脑软件、视听娱乐、新闻传媒等，在线上便可以完成产品的交易，大大节省了仓储和展厅等设施的建设周期和成本。

（四）提高存货周转率

过长的产品生产周期会导致企业面临更大的经济压力，需要更多库存应对可能会出现的意外状况，如交货的失误或者延迟，这也会间接导致企业应变能力降低，对市场需求变化的反应变慢。如果企业库存过低，产生供货短缺的情况，则会使企业失去一些客户。适当的库存量与合理的库存管理能够提高客户满意度，降低企业的存货管理成本，提高企业的盈利能力。电子商务能够以其优势帮助企业提高库存管理水平和劳动生产率，降低库存总量。

（五）降低生产成本

产品的生产成本都存在固定成本支出，如固定资产的建设、维修和折旧。固定成本支出量与生产周期关系密切。产品生产周期的缩短会使企业每一单位固定成本也随之相应地降低。电子商务的出现使生产周期缩短成为可能，这主要表现为互联网能够加深并强化企业之间合作的深度与广度，提高企业间联系的效率；不同地区的企业可以通过互联网实现便捷化、协同化工作，从而共同完成一个研究和开发项目。

第二节　电子商务的模式

一、社交电商

2020 年新冠肺炎疫情爆发，实体经济受到重创，社交电商逆势发展，在助力传统企业销售方面发挥了巨大作用。《2020 社交电商行业发展报告》显示，2019 年，社交电商市场规模高达 22 247 亿元，2020 年社交电商继续引发高度关注并保持高速增长，总增长率超过 66%，规模为 37 031 亿元。同时，社交电商市场从业人员规模也增至 7 700 万人，数量突破 3 000 万，突出特点是参与者开始从四五线城市逐步向二三线城市渗透，从以"90 后""00 后"为主开始扩展至全年龄段，并且从低收入人群中的兼职人群开始演变为全职人群，而高收入人群及传统意义上的白领、金领开始以不同形式参与到不同类型的社交电商业务中。

目前社交电商在中国发展势头强劲，规模庞大，其分化出的三个运营模式有拼团、社群和分销，每个模式都拥有巨大流量的产品。例如，据拼多多财务报告披露，截至 2020 年 6 月 30 日的 12 个月间，拼多多平台交易额为 12 687 亿元，较 2019 年同期的 7 091 亿元增长 79%。抖音是一款音乐创意短视频社交软件，于 2016 年 9 月 20 日上线，2018 年 1 月开始踏足直播电商赛道。目前，该平台主要基于短视频带货模式，2020 年 1 月平台日销货金额突破 4 亿元。2018 年 5 月，粉象生活创立，粉象生活通过社交互动等方式直接将各地的源头产地产品、工厂直销产品与消费者进行对接。社交电商如火如荼的发展态势得益于微信这类社交软件，大型社交平台可以帮助电商实现去中心化的裂变传播，触及越来越多的用户。近几年，随着短视频社交产品的快速发展，产品的社交传播渠道更加多元化，社交电商市场仍有较大的发展前景。

二、直播电商

2020 年是全民直播电商元年，从明星做客直播室，到政府支持直播带货，直播电商参与的范围、领域和关注度都有了巨大的变化。直播电商不仅得到媒体背书，而且得到了政府政策的关注和支持。它已经成为企业、个人进行销售不可或缺的手段。艾媒咨询统计显示，2019 年中国网络直播行业用户规模高达 5.04 亿人，增长率为 10.6%，2020 年网络直播行业用户数量达 5.5 亿人。同时，凭借人工智能等技术的推动，"直播+电商"将迎来高速发展的风口，即将成为各类电商平台新的增长动力。公开数据显示，快手、淘宝直播、抖音成为前三大直播软件，淘宝直播占据了直播电商市场近 50% 的份额，优势显而易见，整个直播行业蓬勃发展。

目前，短视频引流电商平台完成销售的合作模式短期内不会改变。以短视频、直播带货方式进行产业链改造，通过内容推荐帮助源头商品直销的方式已被民众所广泛接受。"521 宠粉节""618 大促"，明星和总裁纷纷直播，这使整个行业呈现出多元化的发展趋势，而不同的组合玩法也使直播带货登上了一个新的高度。直播电商生动直观，可以实时互动，内容多样，在购物体验上更接近线下零售思维，还可以提高传统电商效率。此外，直播电商不仅有助于品牌企业提高销量，还可以提高企业营销推广和流量建设的效率。

三、农村电商

近几年，农村电商逐渐成为政府关注的重点。据商务部统计，2019 年农村网络零售额达到 1.7 万亿元，同比增长 19.1%，高出全国网络零售额增速 2.6%。另外，直播电商也大大助力农村电商的发展。2019 年农产品网络零售额高达 3 975 亿元，同比增长 27.0%。2020 年，我国农产品电商销售额持续增长，突破了 8 000 亿元。

2020 年新冠肺炎疫情影响，电商在助农方面表现尤为突出。一方面，电商通过网络这个载体，打破了空间的限制，可以让农副产品销往全国甚至全球各地，在帮助农民脱贫致富上发挥了重要作用。另一方面，电商作为新型业态，吸引了大批年轻人，有助于培育和发展一批农业电商人才。预计 2025 年返乡创业的人员将突破 1 500 万。凭借互联网、大数据等技术，各类电商平台将业务范围逐渐延伸至农产品供应链前端。

与此同时，生鲜电商也大放异彩。京喜拼拼、美团优选等大型电商平台的生鲜产品销售额都有大幅提升。消费者对线上生鲜产品的认知水平和信赖程度进一步提升，逐渐养成线上购买生鲜产品的习惯。随着数字乡村的建设，农村电商体系也会日趋完善。农村电商将成为各大电商平台争夺的新战场。农村电商以互联网为主要载体，将数字化技术在农业产业领域进行创新和应用，提供系统集成优化方案，实现多个产业链的衔接和融合，最终重塑农村生态系统，进一步推动农村经济高速发展。

四、新零售电商

2017 年是阿里巴巴集团引领中国商业形式升级的"新零售元年"。截至 2017 年年底，阿里巴巴集团形成了以"天猫"为"天"，以"菜鸟"为"地"的新零售格局。

与此同时，京东集团联手腾讯，抢占优质标的。2018 年 5 月，京东商城线下零售发展部与中国移动四川公司达成全面战略合作意向。2018 年 6 月 7 日，京东集团在四川省达州市举行招商会，并与四川达州移动分公司就京东集团专卖店的相关事宜达成战略合作。2018 年的"618 购物节"，谷歌以 5.5 亿美元现金投资京东集团，双方结成广泛的战略合作伙伴关系。

张近东提出了苏宁集团的"智慧零售"，雷军认为"新零售"就是"用互联网的效率回到线下"。2017 年，苏宁集团以极快的速度在全国范围内复制了 5 家无人店，推行"刷脸购物""精准推荐"等应用。2018 年 3 月初，全球首家小米之家在深圳宝安机场正式开业。2018 年第一季度，小米新创建的电商市场——有品商城，销售超过 2 700 种库存保有单位，该平台有超过 15 个类目。

五、自媒体电商

新浪微博、微信公众平台、今日头条媒体平台是当前比较热门的自媒体电商平台。随着微信小程序的推出及其不断发展，2017 年 1 月，看客杂志推出了小程序电商平台，利用媒体公众号的强大流量和内容功能影响用户，并为女性消费者媒体创建一站式小程序电子商务解决方案。

第三节　电子商务的发展态势

一、我国电子商务的发展概况

1997 年以来，我国的电子商务经历了几十年的发展，在不断增长的过程中，逐渐成为我国经济的重要组成部分。互联网基础设施的逐步完善、互联网用户的指数倍增长、电子商务相关行业的不断衍生、产业行业的互联网化等因素推动了电子商务的加速成长。电子商务的蓬勃发展使传统产业的生产、运营模式发生变更，以低成本、高效率、优创新的成长方式推动着传统产业的转型升级，改变着人们原有的生活方式，以超便利、超舒适、超品质的服务提高了居民的整体生活质量和生活水平。2004—2020年的电子商务交易额和环比增长数据显示，电子商务交易规模逐年扩大，保持持续高速增长，从2004年的0.93万亿元增长到2020年的43.8万亿元。交易规模的增长不仅体现了电子商务发展的速度，而且体现了电子商务强大的生命力和巨大的发展潜力。同比增长率表明，电子商务交易总体规模扩大并未影响电子商务的增长速度。

目前，我国电子商务的整体发展正处于成长阶段，未来也将成为数字经济的重要组成部分，以提质升级实现稳步的、多元的、服务的、规范的、国际化的发展为目标。2006—2020年的网络购物用户数和使用率显示，网络购物用户数持续稳定增长，截至2020年年底，网络购物用户规模达到7.82亿人，网购使用率比例逐年上升，网购成了人们日常生活消费的习惯。网络的使用不再仅限于娱乐、新闻，而形成了更加多样化的消费市场，影响着人们的生活方式。

二、我国不同模式电子商务的发展情况

（一）网络零售电子商务

最近几年，我国网络零售电子商务快速发展，从而渗入生产和生活的各个方面，人们的日常生活离不开网络零售电子商务，网络零售电子商务占据巨大的消费市场。

1. 网络零售电子商务发展的现状

（1）网络零售电子商务发展迅速

第一，网络零售电子商务市场的交易规模持续扩大。近年来，我国网络零售电子商务市场交易规模一直处于高速增长的阶段。据中国电子商务研究中心数据显示，2018年全年，网络零售电子商务市场交易规模达到93 863亿元。其中，从网络零售电子商务的市场占有率来看，天猫商城占比52.73%，位居第一，第二位是京东商城（32.50%），第三位是唯品会（3.25%），另外还有苏宁易购（3.17%）、拼多多（2.5%）、国美在线（1.65%）、亚马逊中国（0.8%）、当当（0.46%）、其他（2.94%）。从以上数据可以发现，在众多的电子商务平台中，天猫商城和京东商城占据市场份额最大。

近年来，我国网络零售电子商务的市场交易规模如图1-1所示。

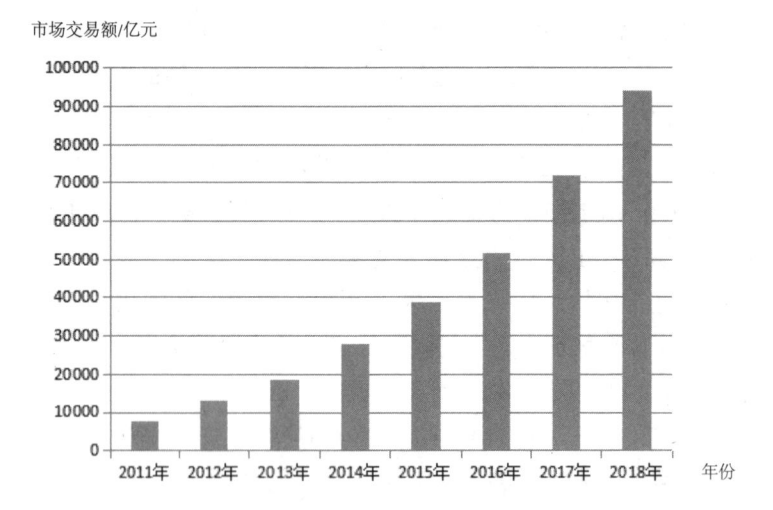

图 1-1　2011—2018 年中国网络零售电子商务市场交易规模

根据中国电子商务研究中心监测的数据显示，2017 年我国网络零售电子商务市场交易额增加到 71 511 亿元。同时，网络零售电子商务市场交易规模占社会销售总额的比例也在持续增长，占比从 2012 年的 6.3% 增长到 2017 年的 19.60%，呈现出逐年上升的趋势，并在 2018 年增长到 22.70%。我国 2012—2018 年网络零售电子商务市场规模占社会销售总额比例如图 1-2 所示。

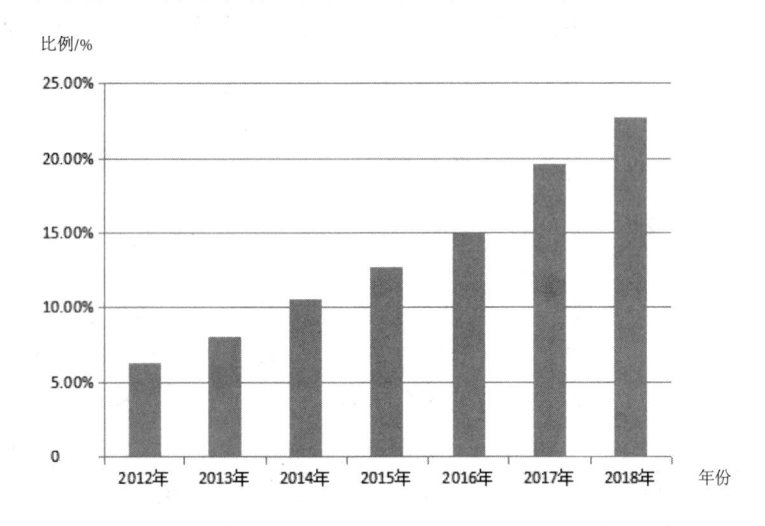

图 1-2　2012—2018 年网络零售电子商务市场规模占社会销售总额比例

第二，网络购物用户规模不断扩大。互联网的发展日益完善，从而网络购物也不断发生变革，如支付、物流等配套设施也进一步完善。①网络购物平台中有越来越多的商品可供选择，实体店中的几乎所有商品都可以通过网络购物平台购买。②网络购物的便利性、快速性优势得到充分体现,网络购物可以实现跨地域服务,给日常生活提供了极大的便利。③各大电子商务平台实施各种促销活动吸引顾客,网络购物的群体由年轻化呈现了扩大的趋势,更多的大龄网络用户也加入其中。近年来,网络购物用户规模在不断扩大,如图1-3所示。

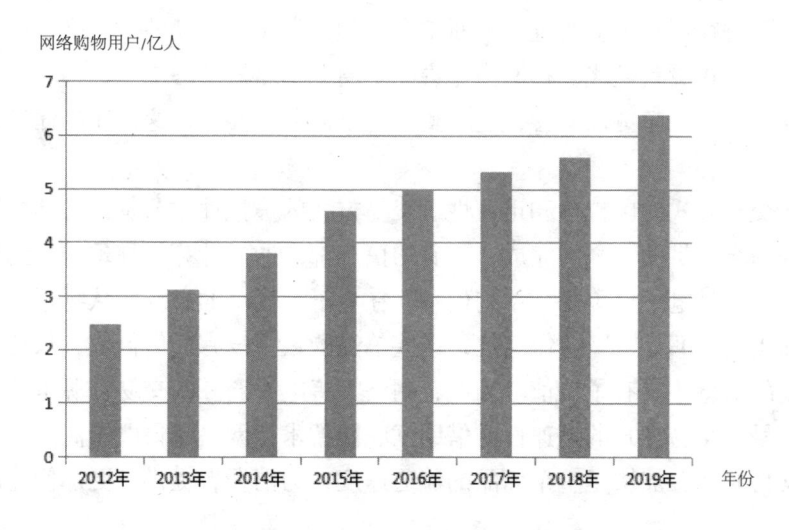

图1-3 2012—2019年网络购物用户规模

(2) 网络零售电子商务的特征

我国网络零售电子商务总体表现为交易双方主体的主动性和选择性、交易市场的全球性及发展性、交易方式的虚拟性及迅速性等。其中,关于网络零售电子商务的全球性、虚拟性、迅速性和发展性特征都与网络零售电子商务借助互联网为载体有关。

①交易双方主体的主动性和选择性。交易双方主体的主动性主要是指网络零售电子商务企业的主动性和消费者的主动性两个方面。消费者需要借助互联网积极、主动地寻找自己满意的商品,通过第三方平台与卖家进行交流,若消费者不主动去搜寻信息,网上交易就无法完成。同时,在消费者选择商品之前,网络零售电子商务企业需要提前将商品的信息予以公布,这样才能实现与消费者真实、有效的沟通。网络零售电子商务企业的主动性显得尤为重要。同时,选择性是网络零售电子商务的特征之一。网络零售电子商务企业的选择性主要是指其对经济资源、对销售市场等方面的选择。网络零售电子商务消费者的选择性主要是指其对电子商务平台上的商品具有选择性,网络零售电子商务所提供的产品内容也决定了消费者选择的范围和广度。

②交易市场的全球性和发展性。网络零售电子商务的交易方式主要借助互联网来完成，互联网的重要特点就是全球性，整个世界因互联网而联系为整体。在经济全球化发展进程中，交易市场范围也由国内发展为全球，在这样的背景下有利于充分运用国际和国内两种资源和两个市场，从而快速提高交易效率和充分节约时间成本。同时，随着互联网技术的不断发展，网络零售电子商务的交易方式也在不断更新改进，不断结合新的科学技术推动整个网络零售电子商务的交易方式更新换代。在网络零售电子商务不断发展的同时，相应的法律法规等配套方面也应更加完善，适应整个电子商务的发展，这样才能促进自身的良好运行。

③交易方式的虚拟性和迅速性。交易方式的虚拟性主要是因为网络零售电子商务的交易借助互联网完成，所有的信息都是通过计算机处理的，无论是电子货币，还是电子订单等一系列信息，在电子计算机的系统中从物理层面来看都是简单的"0""1"的信息位，这些单纯的数字没有任何价值，只有将其代表一定的信息才具有了价值。因此，网络零售电子商务的交易资源里面都是虚拟的符号。交易方式的迅速性是借助互联网技术，网络零售电子商务有效地缩短了交易时间，加快了整个商品的流通速度，为消费者提供了更加便捷的购物方式。

另外，交易的迅速性还指网络零售电子商务企业对各种商品信息的及时推送。网络零售电子商务企业根据对消费者已经购得商品的分析，对其可能会再次购买的一些商品信息进行及时推送，可以提高商品信息推送的有效性。

2. 网络零售电子商务存在的问题

网络零售电子商务主要是指企业对消费者的电子商务。零售是指一系列的商业活动，主要通过互联网等电子工具进行商务交易，会涉及电子信息交流、资金、物流、客服等交易环节。目前，我国的零售电子商务也存在一些伦理问题。在具体交易环节中，失信成了最为突出的伦理问题，在交易过程中出现较多的失信现象有出售假冒伪劣商品、进行不实宣传、付款不发货、收货不付款等。在《2018年电子商务用户体验与投诉监测报告》中因诚信问题而导致在受理的案件同比增长66.93%，其增速也远远高于往年。20个热点投诉问题包括：退款问题（15.34%）、商品质量问题（7.9%）、发货问题（6.61%）、网络诈骗问题（6.59%）、霸王条款（4.42%）、网络售假（3.95%）、订单问题（3.89%）、售后服务（3.97%）、虚假促销（3.64%）、退换货难（3.59%）、物流问题（2.04%）、退店但保证金不退还（1.81%）、货不对板（1.74%）、信息泄露（0.37%）等。

在20条热点投诉问题中，诚信问题占14条，我们对此进行分类梳理，从卖家、买家和第三方平台进行分析。一是从卖家角度上分析，以上的投诉问题主要涉及网络零售电子商务企业的诚信问题，包括商品质量问题、不按时退款问题、发货问题、网络售假问题等。二是从消费者角度上分析，在投诉的问题方面没有涉及消费者的诚信问题，但是在现实交易当中存在注册虚假账号、未付款诱骗卖家发货、恶意评价敲诈卖家赔偿等行为。三是从第三方平台的角度上分析，物流方面存在过期不发货、毁坏商品不承认等问题。以上这些问题主要是网络零售电子商务发展过程中涉及的诚信问题，这些诚信问题基本上也是在网络零售电子商务发展过程中存在的现实问题。

第四节 电子商务企业的特点

一、市场更加广阔

电子商务企业因在网上建立经营平台，所以市场比传统企业的市场更为广阔。通过互联网，一家企业就可以接触到全球的消费者，消费者同样也能够在互联网上的全球任何一家企业选购自己想要的产品和服务。对于电子商务企业来说，其可以通过搜集不同地区、不同类别客户群的相关信息，如消费喜好、消费频率等数据，并对获取的客户信息进行数据分析，以更好地帮助企业进一步发展。

二、交易成本低，商品价格低

通过网络发展，无须中介参与，电子商务交易双方可以直接进行商务活动，交易环节减少，从而使交易成本降低。交易成本低、贸易流程简、时空不受限为企业带来巨大利润，对传统企业形成极大的挑战。与传统企业相比，电子商务企业商品流通中间环节较少，大量的商品会通过共同的运输渠道到达消费者手中，减少了产品售价中所包含的运输成本。电子商务企业能够更快地匹配买家，实现真正的产、供、销一体化，节约资源，减少不必要的生产浪费。企业的流通成本和生产成本降低，导致提供的商品价格与传统企业相比较为低廉。

三、交易全球化，环境不受限

互联网的全球性使电子商务成为无地域限制的全球市场。互联网跨越国界，穿越时空，用户不论昼夜、无论身处世界何地，只要能上网，在浏览器中轻点鼠标，就可登录任何国家、任何地区的网站，与想交流的人直接沟通。人们处于同一个市场，都可能成为企业客户。电子商务企业为消费者提供了一个新的消费平台，消费者可以不受传统消费模式下的时间和空间限制，在网络环境中实现随时随地的交易。同时，电子商务企业还能够在特定的时间里通过网络被更多的客户了解，拥有更自由的发展环境。

四、交易效率高，商品流通快

电子商务取代了传统商务中信件、电话和传真等传递信息的方式，世界各地可瞬间完成商业报文的传递与计算机自动"无纸化"处理，极大地缩短了交易时间。网络能实时地为用户提供各类商品和服务的供应量、需求量、发展状况及买卖双方的详细情况，从而避免了传统商务方式费用高、易出错、处理速度慢等缺点，使整个交易过程非常快捷与方便。电子商务企业在网络上销售产品，减少了传统企业商品流通的中间环节，从商家到消费者之间所有的工作都由物流系统来解决，不断完善的物流系统可以促使商品销售渠道管理更加有效，商品流通更加迅速。

第五节　电子商务企业的财务战略目标

一、电子商务企业的总体财务战略目标

（一）利润最大化

利润最大化即企业应以实现最大的利润为目标。其表现形式有两种：一种是利润的绝对额最大；另一种是利润的相对额即每股收益最大。利润的大小在很大程度上体现了企业经济效益的高低。追求利润最大化要求企业降低消耗、增加收入，对企业的发展有较大的促进作用。

（二）股东财富最大化

股东财富最大化理论认为，企业是由股东出资建立的，股东出资的目的在于在资产保值的基础上实现增值，即在不损害原始投资的基础上，更多地赚取利润和增加财富。因此，企业的财务会计管理目标应该是追求股东财富的最大化。在股份制条件下，股东所拥有的股票数量以及股票的市场价格决定了股东的财富。通常情况下，股票价格和股东财富成正比。所以，股东财富最大化也通常表现为股票价格的最大化。

相对于利润最大化，股东财富最大化目标更具优势。一是股票价格可量化计算，便于考核；二是股票价格在一定程度上反映了企业未来现金流量的现值，对股票价格最大化的追求能够克服企业的短视行为；三是股票价格考虑了资金的时间价值和风险因素。

但是，股东财富最大化目标也有一定的局限性。一是对非上市公司而言，股票价值难以计算，股东财富最大化目标就难以量化，适用性下降；二是股东财富最大化目标要求金融市场有效，但是，信息不对称问题的存在、出现委托代理问题等，有可能造成逆向选择问题的出现，反而会损害股东利益。

（三）企业价值最大化

企业价值最大化即企业的市场价格最大化。追求企业价值最大化实际上是追求企业长期、稳定、健康地发展，这要求经营者必须考虑企业的长远发展，不断创造未来的利润增长点。

电子商务企业也是企业，因此，它的财务战略目标也包含以上几点。但是，与传统企业相比，电子商务企业的客户目标、业务流程等都发生了巨大变化，具有共享性和可转移性的电子信息资源占主导地位。电子信息资源的不断增加、更新、扩散和应用，深刻影响着企业生产经营管理活动的各个方面。所以，电子商务企业财务战略目标必须考虑更多的影响因素。在电子商务企业制定财务战略目标时，要树立以下观念：①信息观念，利用先进的信息技术，及时、全面、准确、迅速地获取相关信息以进行有效的财务会计管理；②知识化理财观念，增加对新技术、新知识的应用；③无形资产观念，加强对企业商誉、专利等无形资产的管理；④风险理财观念，强化风险意识。

基于电子商务企业的特殊性，在确定其财务战略目标时还应注意以下几点。

①电子商务企业应更多关注如何保持企业的可持续竞争优势，而不是只局限于"利润最大化"和"股东财富最大化"。

②电子商务企业的财务战略目标必须充分考虑预期成长效益及附加值，未来增加值的重要性大于目前的收益实现。电子商务企业不但以更快捷、更低成本的技术手段创造价值，更为重要的是要发掘出创造价值的机会。创造企业财富的核心要素由物质资本转向知识资本。此时，企业的价值不再仅仅是企业账面资产的总价值，更重要的是企业潜在的、可预期的价值。

③电子商务企业的财务战略目标还应注意控制企业的总体风险。由于电子商务企业的新的经营模式并未得到检验，而且消费者对电子商务的经营还存在

着疑虑等许多原因，使电子商务企业与传统企业相比，存在更大的风险。因此，电子商务企业应更好地控制自身的风险。

（四）社会价值最大化

在现代社会中，企业不仅是一个独立的生产单位，还是一个开放的系统，要从社会中获取自身发展所需要的各种资源。企业主体的开放性、多元化，使企业所涉及的利益关系变得更为宽广和复杂。企业的目标不应该只局限在企业自身，而应该从企业所处的社会系统加以考虑。与政府、员工、社区关系的协调，与社会、自然环境的和谐，是企业在竞争中获得优势的基础。因此，企业必须承担一些社会责任。企业财务战略目标的社会价值最大化，不仅要求企业追求企业价值最大化，而且要求其在追求企业价值最大化的过程中，要注意与预期相关利益者的协调，形成企业的经济效益与社会责任之间的协调。

二、电子商务企业的分部财务战略目标

根据电子商务企业的财务战略目标的具体内容，其分部财务战略目标主要包括以下几点。

一是电子商务企业在筹集资金时，不仅需要在数量上满足生产经营的需要，而且要考虑到各种筹资方式给企业带来的资本成本的高低和财务风险的大小，以便选择最佳筹资方式，实现财务战略的整体目标。

二是在资金营运方面，电子商务企业应该合理地使用资金，加速资金的周转，不断提高资金的使用效果。

三是对于实现的收益，电子商务企业要进行合理分配。在分配时，要按照发展优先、效率优先的原则，正确处理各利益主体之间可能发生的各种矛盾，要统筹兼顾，合理安排。

第二章 企业财务会计管理的现状

随着我国社会经济的不断发展，我国企业之间的竞争也日趋激烈，如何在激烈竞争中求得生存与发展已经成为我国电子商务企业管理者必须面对的一个重大问题。本章分为电子商务企业的发展历程和现状、电子商务企业的发展环境、电子商务与企业财务会计管理、电子商务企业财务会计管理的新理念四部分。本章主要内容包括电子商务企业的发展历程、电子商务企业的发展现状、电子商务对企业财务会计管理的影响、企业财务会计管理存在的主要问题等方面。

第一节 电子商务企业的发展历程和现状

一、电子商务企业的发展历程

（一）国外电子商务企业的发展历程

1. 资本运作阶段

1994年到1996年是资本运作阶段，电子商务企业的发展重心在资本的运作上。银行在主导资本运作时并不关注企业经营情况，只是将这些企业作为工具去激励并吸引公共资本市场的瞩目，当投资企业的股票价格被炒高，就把股份全部售出，以获得价差。在出售股票以后，银行也不关心企业以后的运营状况，因为它们的目的已经达到，在收回本金的同时还大赚了一笔。

2. 虚拟网络经济与传统经济结合阶段

1997年到1999年，虚拟的网络经济与传统经济相互结合。如果互联网企业比传统企业做得更优秀，就证实这个互联网企业是有商业价值的。如果传统企业利用互联网技术促进了它的成长，就也证实它是有价值的。事实上，使互联网走向传统产业的企业大概率获得了成功，而从传统产业尝试互联网发展的企业大部分都以失败告终。

3. 新技术和新服务发展阶段

2000年以后是新技术和新服务发展的阶段，这个时间段也可以分为两个部分。

20世纪初互联网泡沫崩溃，很多互联网企业受到影响。2003年以后互联网行业复苏，以Web 2.0技术、更注重用户体验的新服务等形式推动商务运作。在新技术方面，Web 2.0代替了以前的Web 1.0技术。在新服务方面，Web 2.0更注重用户的交互作用，用户既是网站内容的浏览者，也是网站内容的制造者。

（二）国内电子商务企业的发展历程

1. 萌芽阶段

1990年至2000年是国内电子商务企业的萌芽阶段，此时我国信息化发展水平仍然较低，人们对电子商务所知甚少。国外电子商务企业发展迅猛，许多留学国外的青年才俊看到了电子商务的发展前景，纷纷把新技术带回国内。这种大环境也为国内电子商务的发展奠定了基础，营造了良好的行业氛围。著名的电子商务网站搜狐、新浪、易趣等都是在这个时间段内诞生的。

2. 成长阶段

2001年至2007年是电子商务企业的成长阶段，电子商务企业获得了难得的历史机遇。支持电子商务发展的政策相继出台，互联网用户数量增多，网络购物心理趋于成熟。电子商务企业之间经常爆发价格战，竞争开始趋于激烈。物流行业快速发展。在这个时间段内，阿里巴巴集团创立淘宝网，推行支付宝。同时美国电子商务企业亚马逊进入中国市场，同样想在市场上分得一杯羹。

3. 转型阶段

2008年至2012年是电子商务企业的转型阶段。中国电子商务没有受到国际金融危机的影响，仍高速发展。传统企业涉足电子商务领域，许多有名的国外风投和基金进入中国市场。团购模式被引入中国。电子商务企业形成了中国特色的互联网交易方式，平台化局面逐渐成行，联想、海尔、苏宁、国美这些传统家电企业的网店陆续开张。

4. 移动电商阶段

2013年以后是移动电商阶段。随着移动通信技术的迅速发展，智能手机普及，消费者习惯了在移动端购物的模式。无线网络的普及推动了移动电子商务的发展。大众网络购物习惯从电脑转移到手机等移动设备上。物流行业跟随移动电商的发展步伐，也迅猛发展。网络生活服务类软件逐渐普及。线上对接线下的 O2O 模式开始成型。

二、电子商务企业的发展现状

（一）电子商务企业监管现状

1. 监管法律：缺乏系统性的法律法规

电子商务涉及商品及有关服务交易、广告、支付、消费者信息保护等多个方面。在对电子商务企业进行监管的过程中，会涉及多个部门职能的交叉，容易使电子商务相关的法律规定出现难以相互协调或适用的现象，不能适应监管工作的需要。目前，我国有关电子商务的规范多存在于行政法规、部门规章、地方性法规中，而缺乏基本法律层面的、系统性的立法，具体情况如下。

（1）调整电子商务的法律

1999 年修订的《中华人民共和国合同法》大胆地规定了合同可以采用数据电文的形式，2000 年全国人大常委会通过的《关于维护互联网安全的决定》是我国针对信息网络安全制定的第一部法律性决定。2004 年发布的《中华人民共和国电子签名法》规定了"电子签名"的法律地位。《中华人民共和国著作权法》第 41 条、第 47 条规定了著作权人享有信息网络传播权。《中华人民共和国刑法》第 285 条、第 286 条、第 287 条明确了破坏网络交易基础设施的计算机系统或利用计算机网络系统进行犯罪的行为。

（2）调整电子商务的行政法规

国务院 1994 年发布了《中华人民共和国计算机信息系统安全保护条例》。2000 年发布的《中华人民共和国电信条例》规定了私营企业可以经营互联网和增值电信业务。2001 年发布的《外商投资电信企业管理规定》允许外商可以投资经营基础电信业务和增值电信业务。2006 年发布的《信息网络传播权保护条例》规定了合理使用、法定许可、避风港原则、版权管理技术等一系列内容。

（3）调整电子商务的部门规章

工业和信息化部 2009 年 2 月发布了《电子认证服务管理办法》来配合《电子签名法》的实施，中国人民银行 2005 年 10 月发布了《电子支付指引(第一号)》，原中国银行业监督管理委员会（现中国银行保险监督管理委员会）2005 年 11 月审议并通过了《电子银行业务管理办法》和《电子银行安全评估指引》，中国人民银行 2010 年 6 月发布了《非金融机构支付服务管理办法》，原国家工商行政管理总局（现国家市场监督管理总局）2010 年 7 月实施了《网络商品交易及有关服务行为管理暂行办法》及 2014 年 3 月 15 日实施了《网络交易管理办法》。

《网络交易管理办法》虽是关于电子商务监管的特别法，但属部门规章，尚未上升到基本法律的层次，缺少统领全局的效力。此外，尚不存在一部法律法规涉及一些新型的电子商务行为，如第三方支付、移动电子商务、微商、海淘、代购等。

2. 监管主体：监管体系不合理和监管队伍不专业

（1）监管体系不合理

我国已基本形成以工商行政部门监管为主。其他部门联合监管的横向监管体系和各监管部门从中央到地方的纵向监管体系。这种多头监管的体系存在效率较低的问题。

一方面，《国家市场监督管理总局职能配置、内设机构和人员编制规定》中强调对网络商品交易行为的管理只是相关政府部门在传统监管职能的基础上向互联网空间的延伸，并没有明确规定其具体职责，导致各部门之间的管辖权划分不明确、重叠和疏漏。

另一方面，监管职能部门众多且各监管部门之间的权责关系不明确，难以协调和配合，造成监管不及时、不准确、不到位，甚至各监管部门之间存在相互推诿的现象，而少数监管部门的不作为、选择性作为或不当作为也会对电子商务企业的监管和电子商务市场的发展造成负面影响。

（2）监管队伍不专业

对电子商务企业的监管涉及工商部门多项业务职能，需要有专职专业的职能部门统一研究制定法律法规和政策措施，统一指导组织措施，统一进行引导协调等。但我国尚未设立专业监管机构，对电子商务企业进行网络巡查的监管组一般由对实体企业进行综合监管并处理相关举报投诉等的监管人员组成，这种不专业的监管格局不能满足监管工作的需要。

3. 监管对象：企业无照经营现象普遍和法制意识薄弱

（1）电子商务企业市场准入门槛低，无照经营现象普遍

《网络交易管理办法》第 7 条规定，从事网络商品交易及有关服务的经营者，应当依法办理工商登记。从事网络商品交易的自然人，应当通过第三方交易平台开展经营活动，并向第三方交易平台提交其姓名、地址、有效身份证明、

有效联系方式等真实身份信息。具备登记注册条件的，依法办理工商登记。从事网络商品交易及有关服务的经营者销售的商品或者提供的服务属于法律、行政法规或者国务院决定规定应当取得行政许可的，应当依法取得有关许可。但在实际网络商品交易中，无照经营现象普遍。2014年，原国家工商行政管理总局（现国家市场监督管理总局）曾发布了一份名为《关于对阿里巴巴集团进行行政指导工作情况的白皮书》的报告。这份报告中指出阿里系网络商品交易平台长期存在违法违规经营现象，如淘宝网和天猫商城市场主体准入不严格、对销售商品信息审查不到位、对交易行为管理混乱，淘宝网上存在大量未办理营业执照却以法律法规规定应当办理工商登记注册方能使用的企业名称从事经营活动等。

（2）电子商务企业法制意识薄弱

如今，参与网络商品交易及有关服务的电子商务企业与日俱增且地域分布不均，但电子商务企业经营主体法制意识素质良莠不齐，就使一些不法经营者利用法律缺失、制度滞后的漏洞，进行违法违规经营。比如，出现了好评返现、网络商标侵权、虚假广告宣传、价格促销战、制假售假、侵犯消费者隐私权等违法违规现象。另外，移动端电子商务的风靡使很多社交网络用户错误认为只需动动手指在朋友圈、QQ空间发布商品信息即可进行网络销售，这是没有门槛的创业，并且不需要经过烦琐程序到工商部门进行工商登记领取营业执照。

（二）电子商务企业融资现状

1. 融资途径单一

我国电子商务企业融资大多数采取直接股权融资的单一融资方式。在间接融资方面，银行出于风险的顾虑，很少会提供大额度贷款给电子商务企业，而通常追逐大企业或者上市企业，所以电子商务企业很少有银行借贷的融资方式。在直接融资方面，资本市场设置的条件对于电子商务企业是苛刻的，资本市场融资的门槛对于电子商务企业来说过高，所以电子商务企业进入的空间非常有限。国内的证券市场发展还不够完善，对企业上市的资格把控严格，也有许多硬性指标，所以电子商务企业也没办法顺利通过首次公开募股进行融资。因此，电子商务企业在发展初期很少能通过银行借贷、上市等方式进行融资，只能通过引入风险资本或者个人投资人进入企业获得资金这些融资途径。

2. 融资担保体系不完善

国内电子商务企业担保机制不完善使电子商务企业难以通过担保形式获得

融资。机制的不完善主要体现在信用评分体系、技术专家的缺失上，进而无法对电子商务企业做担保评估。全球金融危机使各国的经济发展都受到了影响，大部分金融机构为了降低风险需要贷款企业有抵押物或担保物，即使能获得贷款，贷款金额也比以往减少很多。电子商务企业有价值的人才、技术优势等都属于无形资产范畴，只有少量的固定资产，缺少可以提供的担保物和抵押物，信誉评分低使其难以获得银行或者其他金融机构的贷款。

第二节 电子商务企业的发展环境

一、基础环境日趋完善

我国国民经济步入依赖国内消费的发展阶段及城镇化水平的提高是我国电子商务企业大有作为的基本环境。进入 21 世纪以来，我国全社会消费总量增长速度不断加快。伴随消费总量的快速增长，消费结构由低层次向高层次迈进。消费需求将从基本需求型为主转向发展型和享受型为主，家电、黄金、珠宝、旅游，甚至是奢侈品都将成为下一阶段的消费热点。另外，新型城镇化的快速推进也为电子商务企业发展提供了更加广阔的基础环境。可以预见，在未来几年里，我国城镇化建设将会提速，而且不同于传统的城镇化发展道路，新型城镇化更加强调"以人为核心"，强调在城镇化过程中的城市文化、公共服务、基础设施、居民生活等建设，真正实现农民的"市民化"，这就为电子商务企业的发展提供了更大的市场和更坚实的基础。

除此之外，网民数量的快速增长、移动互联网的快速普及、网络基础设施的大力完善及物流等配套服务能力的提升，都将使我国电子商务企业发展的基础环境日趋完善。

二、政策环境日益规范

尽管我国电子商务产业兴起仅有十多年的时间，但它正在深刻地改变着整个社会的方方面面。个人的消费习惯、商品的流通渠道、厂商的生产方式等都已悄然发生变化，我国政府也早已把电子商务发展作为推动我国企业转型升级的重要力量，不仅有一系列的鼓励扶持政策，也适时制定了相应的专项规划。

另外，围绕着电子商务行业的监管、规范等工作也在大力推进。我国已密集出台了包括明确交易主体、规范交易行为、监管网上支付、规范网购促销、打击网络制假售假等具体的规范性政策，未来还将在税收、准入、交易监管、投诉处理等方面进一步强化规范。同时，针对各种交易乱象，商务部及行业协会等也都在积极制定行业标准。

三、区域环境各具特色

长三角、珠三角和环渤海地区是我国电子商务发展最发达的三个地区。随着我国二三线城市及广大农村地区的网络普及，电子商务正在快速向中西部地区扩散，重庆、武汉、成都等地的电子商务正在快速崛起。为推动全国电子商务整体发展，国家发展和改革委员会、商务部、工业和信息化部等单位推出了"国家电子商务示范城市"和"电子商务示范基地"建设。

第三节 电子商务与企业财务会计管理

一、电子商务对企业财务会计管理的影响

（一）财务会计管理流程的变化

在电子商务环境下，企业财务会计管理的流程实现了业务与财务的统一。业务与财务的协同体现在：一是企业内部的协同；二是企业与供应商的协同；三是企业与客户的协同；四是企业与相关部门的协同。财务会计流程的改善和业务流程的优化有助于实现物流、信息流和资金流的有效统一。企业各部门实现了信息的相互连接和共享，信息反映滞后、业务与财务缺乏沟通的现状得以从根本上改变，同时通过与其他企业协调与同步管理方法，有利于社会资源的优化配置，从而提高了财务会计管理的工作效率。相比之下，传统财务会计管理流程的首要特征就是财务与业务的剥离，并且财务会计管理流程比较固定和单一。

（二）财务会计管理环境的变化

传统财务会计管理的环境主要是基于财务信息公开披露，管理环境相对而言较为封闭。电子商务从产生以来飞速发展，财务会计管理环境变得多样化，不再局限于原来的企业内部共享，而是在大数据背景下实现万物互联、"万数互联"。财务会计管理不再拘泥于企业内部的管理而是趋于整个互联网大数据背景下的数据信息整合。为适应激烈的竞争环境，企业财务会计管理方式也随之不断改变。

（三）财务会计管理研究对象的变化

传统财务会计管理的研究对象主要是企业的资金运行情况。在电子商务环境下，万物互联，企业的经营交易均可在互联网信息平台上进行，企业的经营交易信息、交易流程、财务信息、物流信息、业务信息、保险信息等都可通过互联网进行记录、保存和清晰呈现。

因此，财务会计管理研究对象不但包括资金运动，而且包括业务和财务的融合协同管理。在电子商务环境下，企业财务会计管理研究对象是信息资源和资金运动的集合，但与此同时，由电子商务活动产生的各种交易模式、交易平台、信息管理等使互联网融资、投资成为财务会计管理研究对象的重点。

（四）财务会计管理内容的变化

在电子商务环境下，知识资本起着重要的主导作用。信息技术、人力资源、软件开发、专利权、商标权等无形资产对经济的迅速增长起着决定性的作用。知识经济时代的到来和发展促使企业经营所处的内部和外部环境也发生了翻天覆地的变化，企业融资范围的扩大使企业面临更大的财务风险，因此融资管理、投资管理、风险管理等对财务会计管理而言是大势所趋。

（五）财务会计管理组织结构的变化

企业传统财务会计管理模式的组织结构较为分散，各个岗位以职能划分进行财务会计管理，财务会计管理人员再根据各自岗位不同的职能分工进行工作。在电子商务环境下，财务信息系统突破了时间和空间的限制，实现了集中在线管理，实现了网络化、动态化和跨区域化。企业集团可以通过财务共享界面向分支机构共享信息，财务组织结构趋于集中化，实现了集中记账、远程审计。分公司成为集团的财务报账机构。

二、企业财务会计管理存在的主要问题

（一）管理理念存在偏差

1. 对财务会计管理科学化认识不够

多数人认为财务仅仅是企业的一部分，由财务部的人员负责，财务会计管理工作服务于整个企业，目的是为企业盈利提供相关的信息，并不把财务总监等人员看作企业的决策者之一。这种管理理念存在一定的偏差，不利于财务会计管理工作的开展，财务会计管理流程的科学化应当将财务决策提高到企业决策层面上，提高重视程度。

2. 资产管理理念存在不足

管理理念滞后和管理制度不完善造成有些企业对无形资产管理不到位，对固定资产清理、盘点做账不及时，导致资产管理效率较低，致使资产流失，不能充分发挥资产该有的价值。而且企业管理部门分散，没有统一集中的负责部门，监管不到位，管理理念上有待提高。

（二）预算管理制度不尽合理

在企业发展的过程中，无论从管理层角度出发，还是从财务会计管理层面考虑，结合经济发展不断更新管理机制尤为重要。预算管理在财务会计管理机制中扮演着相当关键的角色，但很少有企业把预算管理放在很重要的位置上。实际上预算管理水平也在某些方面体现着财务会计管理水平，如果预算不科学，可能会与实际支出存在很大偏差，进而影响工作的效率，同时预算管理还可以控制成本，减少不必要的支出。没有合理的预算制度，企业可能无法获得最佳收益。

信息技术在发展，企业的管理系统也在更新换代，新技术的应用改变了原有的传统工作方式，在管理体制上也应有相应的转变才能相互适应，因此制度方面还有待完善。财务预算编制不够科学主要原因有三个：一是部分企业管理层还未意识到预算管理的重要性，将预算工作仅仅交给财务部，其他部门并不参与到其中来，这使预算编制不够充分，监管力度也远远不够；二是编制预算的方法还不完善，没有科学严谨的标准，不论是采用零基预算还是增量预算，并没有合理地考虑企业的实际支出情况，有的还过分夸大日常支出，因此预算编制并不可靠，也不真实；三是监督管理力度并不够，尽管有相应的预算制度，但在实际执行过程中没有有力的监督，超支现象经常存在，因此预算发挥的作用并不大，效果不明显。

（三）数据管理信息化有待加强

在这个大数据时代，随着信息技术的发展和计算机的广泛应用，各类信息处理系统也在不断研发，但很少在各大企事业单位普及，也有企业在引进新技术、新系统，但财务会计管理方式依然没有改变，比较传统，因此企业的财务会计管理方式和数据管理还不能与时代共同进步。现代化管理模式需要得到应用，否则赶不上技术革新脚步的企业必将丧失竞争力，失去发展前景。

企业信息化进程不足之处主要体现在四个方面：一是传统的财务会计管理制度并不能完全满足信息化需求，影响了企业信息化的进程；二是企业的信息系统并没有完全革新，目前信息处理软件的功能还有待完善；三是财务会计管理流程需要尽快调整以适应新的管理系统；四是多种多样的信息处理系统使企业间的数据处理方式不尽相同，业务沟通不畅通。

第四节 电子商务企业财务会计管理的新理念

一、管理范围扩大化

对于电子商务企业而言，活跃用户量是进行业绩考核的关键指标之一，这也是其与传统行业的主要区别。活跃用户量决定了电子商务企业是否可以继续发展，只要活跃用户量不断增长，即使目前没有盈利，也会给企业带来现金流。因此，管理和分析电子商务企业的财务会计风险需要从用户的角度涵盖全企业的风险管理过程。

电子商务企业财务会计风险管理制度的目标是有效协调各部门，使每个员工都能了解到本企业的财务会计风险管控制度，在每个运营节点上建立数据库，量化人员操作风险。随着互联网信息技术的发展，电子商务企业面临的内外部商业环境不断变化，在传统意义上被认为无关紧要甚至被忽视的要素都可能导致整个企业陷入危机。在大数据时代下，管理范围不仅包括企业内部，还包括外部环境，管理范围要在财务会计风险的基础上扩展为可能引发财务会计风险的所有动因。

二、管理方法多样化

电子商务企业的管理者要转变对财务会计风险的管理心态，除了利用传统管理方式，还要将传统管理方式与大数据技术融合起来，兼顾到企业成本效益和社会效益。多样化的管理方法还要求企业及时采取恰当方式应对出现的财务会计风险。比如，未来企业将逐渐重视知识资本流失产生的风险。权衡知识资本的标准与评价方法需要管理者对制度不断完善创新，不能仅仅局限于传统的财务会计风险管理模式。

三、管理模式数据化

数据化管理财务会计风险需要搭建好数据与财务会计风险之间的桥梁。电子商务企业的价值点和风险点可能存在于数据点之中，企业还利用这一特点进行财务会计风险管理。数据化管理模式需要打破传统财务会计管理模式的惯性思维方式，电子商务因为具有巨大的数据量可以引入数据化管理模式。对于电子商务企业来说，企业操作财务工作软件远程管理所有的分支机构，都应通过数据传输更新各个部门的进度状况，把握市场新态势。风险评估结果也将被量化，管理层需要基于风险评估数据，对企业的财务会计风险管理决策做出判断。通过使用云计算技术能够实现动态监控企业的现实状况，并及时反映出企业所面临的全部财务会计风险，体现出信息技术运用对于财务会计风险管理来说是行之有效的。

第三章 企业财务会计管理的流程

随着信息技术的不断进步，我国经济得到了快速发展，大部分企业的生产经营方式也发生了很大变化。财务会计是企业内部的重要组成部分，在信息化的背景下，我们要不断改进财务会计管理流程，打破传统财务会计管理模式的束缚，提高财务部门的工作效率，满足企业发展的多方面需求。本章分为企业财务会计管理流程对比、电子商务企业财务会计管理流程设计内容两部分。本章主要内容包括传统财务会计管理流程设计现状、电子商务企业财务会计管理流程设计要求等。

第一节 企业财务会计管理流程对比

一、传统财务会计管理流程设计现状

对于财务会计管理流程的优化，不仅要针对存在问题的财务和业务涉及的流程进行优化，还要针对传统财务会计管理流程目前存在的一般问题开展流程优化工作。

（一）传统财务会计管理流程的产生与发展

传统财务会计管理流程是以劳动分工论为基础的一种顺序化的财务会计管理流程，是随着社会生产需求的增加与社会经济的发展而不断发展的。传统财务会计管理流程的发展主要经历了两个阶段：手工式财务会计管理流程处理阶段和电算化式财务会计管理流程处理阶段。

1. 手工式财务会计管理流程处理阶段

在手工式财务会计管理流程处理阶段，相关部门运用的是传统的"填制凭证—登记账簿—编制报表"的顺序化业务流程，该阶段的财务会计管理流程一般内容如图 3-1 所示。

在这一阶段，财务会计管理流程中涉及的账簿组织、记账程序与方法都需要与企业的生产规模及管理特点相适应。同时，对会计档案的排列和装订也有严格的要求。这些要求都耗费了大量的人力和物力，同时也不便于工作的开展。

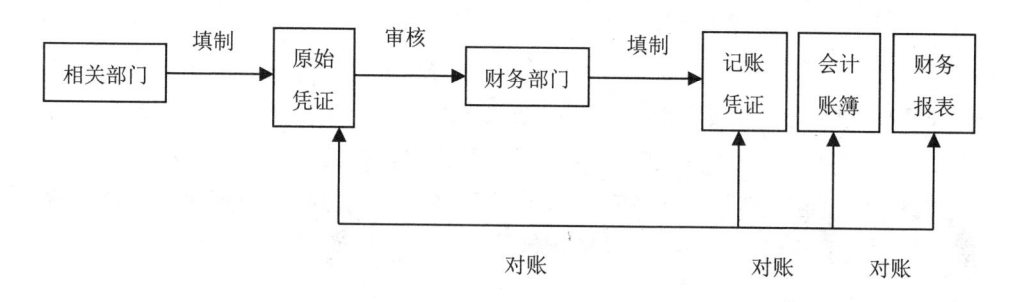

图 3-1　手工式财务会计管理流程

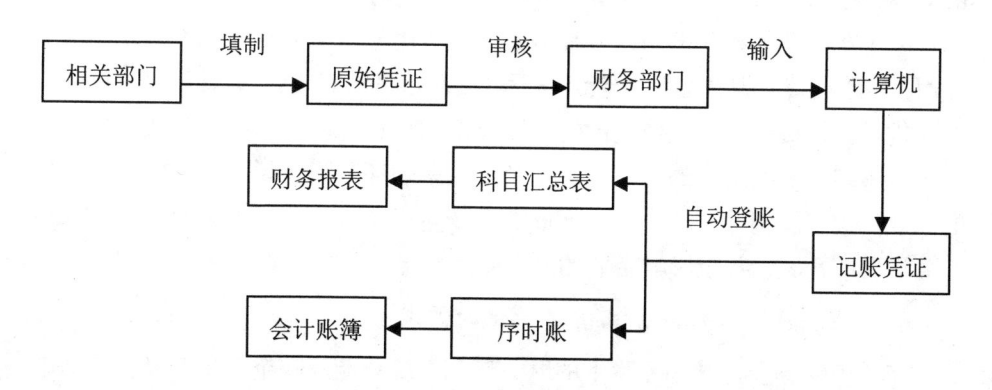

2. 电算化式财务会计管理流程处理阶段

财务会计管理流程的电算化经历了一个逐步发展的过程，从最初的会计单项业务处理阶段，到现在的会计电算化系统阶段。电算化式财务会计管理流程作为企业管理信息系统中的一个子系统，实现了数据信息的共享与集中使用，大大提高了财务会计管理流程的效率。电算化式财务会计管理流程的最显著特点是自动化，即在经济活动发生时，由相应的业务人员将有关数据信息直接输入财务系统，财务系统则自动记录并进行各种必要的审核工作，使最初手工式的财务会计管理流程工作大大简化，提高了财务数据处理的准确度与效率，同时也提高了财务数据处理的水平与质量，减轻了财务人员的工作负担。电算化式财务会计管理流程一般内容如图 3-2 所示。

图 3-2　电算化式财务会计管理流程

（二）传统财务会计管理流程的存在问题

虽然传统财务会计管理流程从手工式到电算化式已经得到了很大的发展，但其中还存在着不少问题。

1. 缺乏对信息的有效管理

传统财务会计管理流程是以劳动分工论为理论基础产生的，要求财务会计管理流程中涉及的各项工作都必须遵循严格的流程顺序，任何一个环节都不可跳过。这种顺序化的流程根据各项经济业务核算目标的不同而进行细分后开展个别核算，割断了各子系统之间的联系。这种方式虽提高了个别业务的核算效率，却忽视了效率和信息传递的整体性，缺乏对信息的有效管理。

2. 财务工作效率低且成本高

在劳动分工论的指导下，财务人员在呈报财务信息时，也必须按照管理层级自下而上报送，这种方式虽然提高了财务人员的工作熟练程度，但在一定程度上造成了同一工作的重复操作，降低了工作效率，也影响了会计数据传递的时效性和一致性。

3. 核算子系统缺乏连贯性

基于劳动分工论的传统财务会计管理流程，根据各项经济业务核算目标的不同而进行细分后开展个别核算，割断了各子系统之间的联系，即使在电算化式的财务会计管理流程的模式下，会计信息的传输也是在几个相对独立的模块中进行的，这使财务数据的传递缺乏实时性。

在这种情况下，企业财务内外部价值链管理涉及的企业采购、生产、销售、库存、供应商、分销商及其他财务信息难以实现信息的实时共享，不仅为企业的管理、控制带来了困难，也增加了企业的内部风险。

以企业内部采购为例，采购环节发生的费用与企业的运营成本关联甚密。然而，由于在传统财务会计管理流程下缺乏对信息的有效管理，很多数据信息，如订货量、订货规格、供应商的情况以及采购预算等内容不能及时从数据库中调取，影响了采购工作的开展，甚至会造成采购环节问题频发。只要采购环节的无效流程不能消除，就会对后面的业务产生影响，进而影响企业整个财务和业务活动的开展，甚至影响企业的最终盈利情况。

4. 无法满足财务信息需求者多元化的需求

在传统财务会计管理流程下的财务信息系统只能反映企业生产经营活动中

涉及财务活动的部分信息，这些不全面的财务信息无法满足信息使用者多元化的需求。

具体来说有以下几点。第一，在传统的财务会计管理流程中，由于受制于传统财务观念、财务组织结构以及数据处理模式，在经济事项发生后，财务人员要首先对经济事项产生的各类信息的性质进行判断，主观地将所有信息数据划分为财务信息数据和非财务信息数据，使同一业务的数据被分别储存在财务部门与业务部门，造成财务人员只能分析经济事项中的部分数据，而无法对企业生产经营活动中的全部数据进行收集与分析，既降低了财务信息的输送效率，也可能遗漏或忽略了某些重要的管理信息数据。第二，在传统财务会计管理流程中，财务数据处理的模式是将收集的财务数据以明细账、总账与财务报表的形式提供给信息使用者。以报表形式呈现的数据是对原始数据的高度概括，从这个角度上来讲，投资者是无法从这些财务信息中全面了解企业存在的风险和潜在的投资机会的。

5. 无法实现实时控制

首先，不论是手工式财务会计管理流程还是电算化式财务会计管理流程，都是在经济事项发生后对财务信息的收集与记录，从本质意义上来看都属于事后记账，这种事后的财务信息缺乏应有的时效性，信息的质量也无法满足飞速发展的经济社会的需求。其次，在传统财务会计管理流程下产生的资金流信息一般滞后于物流信息，导致企业无法对生产经营活动进行实时控制。最后，在传统财务会计管理流程下，财务数据的采集、加工与整理工作一般在经济事项发生后开展，经过排序、记账、汇总与对账等流程后，才能以财务报表的形式交到信息使用者手中，滞后的财务信息导致企业决策者无法及时有效地做出判断。

基于上述传统财务会计管理流程中存在的问题，为消除传统财务会计管理流程中存在的各类问题给企业带来的影响，开展财务会计管理流程优化工作是势在必行的。

二、电子商务企业财务会计管理流程设计要求

（一）电子商务企业财务会计管理流程应实现财务和业务的统一

传统企业财务会计管理流程的首要弊端就是将财务和业务剥离，使本应统一的财务和业务流程被人为割裂成两个流程。电子商务企业财务会计管理流程有必要消除财务和业务活动中的时间差，有效地实现财务会计管理流程与其他

企业管理手段的交互与联动。在电子商务企业财务会计管理流程中，企业各部门之间的信息得以相互连接，彼此共享，从根本上改变了财务与业务缺乏沟通、信息反映滞后的现状。通过与其他企业管理手段的协调同步，电子商务企业的财务会计管理流程将更有利于企业整体的资源优化配置，提升了财务会计管理的工作效率。

（二）电子商务企业财务会计管理流程应实现资金流、信息流、物流三者的统一

资金流、信息流、物流三者统一是电子商务的重要特征。电子商务企业的财务会计管理流程理应将资金流、信息流、物流三者统一起来，纳入同一流程当中。资金流是资金的转移过程和转移方向，包括支付、转账、结算等过程，是电子商务的实现手段。信息流包括商品信息、技术信息、市场信息的收集和产出，是电子商务的基础。电子商务企业相对于传统制造类企业的最大优势是，在电子商务情境下，企业可以借助现代信息技术、互联网技术，使信息流动更为顺畅。物流指商品在空间上的运移、时间上的流转、所有权的让渡、价值和使用价值的交换，包括采购、仓储、分装、配送等环节，是电子商务的有力保障。物流虽然只是商品交易过程中的一部分，却是电子商务价值的有力体现。电子商务的要义就在于为消费者提供便利。通畅的物流既是电子商务企业可持续经营的保障，也是企业价值实现的载体，更可以体现电子商务的核心优势。资金流、信息流、物流是电子商务企业财务会计管理流程的三大基本要素，任何一笔电子商务交易，都是这三者共同作用的结果。资金流、信息流、物流并非独立存在的，三者息息相关，且无时无刻不在共同起着作用。

第二节 电子商务企业财务会计管理流程设计内容

一、明确设计目标

在设计电子商务企业财务会计管理流程时，首先需要明确设计目标，确保设计目标符合企业战略方向，然后根据设计目标组织电子商务企业财务会计管理流程的设计。

二、面向对象分析

在明确了设计目标之后，需要对电子商务企业财务会计管理流程设计所涉及的所有职能部门进行面向对象分析，了解哪些流程可以调整，哪些部门可以

合并。通过这一过程，切实了解企业的设计需求，以确保设计出的电子商务企业财务会计管理流程合理、有效。

三、重塑财务观念

财务观念是指财务人员在长期的财务活动和会计实务中，通过多年经验累积而形成的对财务会计工作的整体性认识。设计电子商务企业财务会计管理流程，就需要统一财务人员的认识。所谓重塑财务观念，就是要对财务人员进行知识更新，使其突破长期以来形成的习惯和固定认识的限制。制度需要人去执行，流程需要人去操作，财务人员的认识能否适应新的电子商务企业财务会计管理流程，是电子商务企业财务会计管理流程设计成功与否的关键所在。

四、业务流程再造

业务流程再造是电子商务企业财务会计管理流程设计的核心部分，通过目标明确、需求分析、观念重塑之后，我们可以对电子商务企业财务会计管理流程进行业务流程再造。这一部分工作包括：①对财务组织中及财务组织间的业务流程进行系统分析和重新设计；②通过对电子商务企业财务会计管理业务流程再造，实现资源整合、资源优化。

五、财务组织更新

电子商务企业财务会计管理流程建构在电子商务企业财务组织之上。电子商务企业财务会计管理流程设计是遵照企业财务政策、遵循企业战略目标，完成资金流、物流、信息流三流合一的活动。为适应新的电子商务企业财务会计管理流程，我们需要对财务组织进行相应调整和更新，以确保新的财务会计管理流程切实发挥作用。

至此，电子商务企业财务会计管理流程设计得以完成。

第四章 企业财务会计管理的模式

随着信息化时代的到来，计算机网络技术不断发展和普及，并应用于各行各业中，推动了我国经济建设的飞速发展。在如今的网络环境下，企业的各项管理工作也发生了巨大的转变，尤其是对于财务会计管理方面来说，更需要创新管理模式，以此来适应社会发展的需要。本章分为财务会计管理模式概述、电子商务企业财务会计管理模式的三个维度两部分。本章主要内容包括财务会计管理的作用、财务会计管理模式的相关理论、传统财务会计管理模式的主要类型和劣势等。

第一节 财务会计管理模式概述

一、财务会计管理的作用

财务会计管理是一种综合管理行为，它是在企业经营的总体目标下，对企业进行资产购置、资本融通、现金营运以及利润分配的管理行为。企业的一切财务会计管理活动的核心和重点都要以企业的总体经营目标为出发点。

作为中小企业经营管理中的核心，财务会计管理的作用主要有计划、控制、监督和资本运营。

（一）计划作用

财务计划是通过对企业经营环境、历史经营状况等的综合分析，对当前企业经营状况进行判断，并对未来能够取得的经济效益进行预测和估算，找到增收与节支的关键路径，并据此形成的一系列的生产经营计划。

（二）控制作用

财务控制包括加强财务基础管理、平衡财务收支、组织财务计划实施等内容。财务控制是中小企业实现既定经营目标、取得经营效益的最有力的保障。

（三）监督作用

财务监督主要是指以货币的形式对企业的各类资产，各种经营过程、经营结果，利润分配等进行监督。

（四）资本运营作用

资本运营是当代企业财务工作的重要组成部分。相对于传统财务会计的记录核算职能以及使用量本利的分析方法来预测利润而言，当代资本运营过程强调使用投资决策理论优化投资组合，以盘活存量资产和创造投资收益为最终目标。

目前，认识到财务会计管理对于企业发展重要性的中小企业还很少。很多中小企业认为只有大企业才需要财务会计管理，财务会计管理的作用也因此没有完全得到发挥。

通常而言，财务会计管理模式是企业的经营者在一定的财务会计管理理论和思想的指导下，整合企业财务会计管理目标、对象和方法，以推进企业财务会计管理事项合理有效运行的一种管理活动。

对于中小企业而言，财务会计管理模式主要指为实现企业经营目标而进行的组织结构、权利分配、财务制度、投融资等方面的建设，包括但不限于总分公司、母子公司、公司各职能部门之间的投资决策、资金管理、资产处置等重大决议权限的划分。

二、财务会计管理模式的相关理论

原有资产管理理论认为，企业价值不因资本结构的不同而不同。然而实践证明以上理论并不总是成立，企业可以通过税务筹划调整递延所得税资产及负债进而影响其资产结构，为本企业创造价值。

（一）MM 理论及其扩展

莫迪格利安尼和米勒在《资本成本、公司财务和投资理论》一文中最初提出 MM 理论，强调了资本结构和企业价值无关。该理论的建立没有考虑所得税、交易成本、代理成本和破产成本等的影响，不存在有关公司发展前景的信息不对称问题等一系列严格假设条件，在完美的市场体系下，企业总价值将不会受到资本结构的影响。他们以此为逻辑思路提出了两个命题：一是任何企业的市场价值与其资本结构无关；二是企业负债后权益资产成本应考虑负债所引起的财务风险。

1963 年，莫迪格利安尼和米勒在合作发表的文章中考虑了所得税对资本结构的影响，形成考虑所得税的新 MM 模型。该模型也同样基于两个基本假设：

一是公司价值应考虑节税收益；二是公司权益资本成本也应考虑负债所带来的财务风险。

（二）米勒模型

MM理论考虑了公司所得税对公司价值的影响而忽略了个人所得税的影响。米勒在1976年的美国金融学会上提出了同时考虑公司所得税和个人所得税的新模型，并使用该模型估算公司价值受财务杠杆变化影响而变化的程度。

（三）权衡理论

MM理论认为负债能带来节税收益，然而，公司的责任也在于对债务进行还本付息。如果由于公司经营不善以至于其未能履行对债权人的承诺或者难以偿债，公司就会陷入财务困境，这会增加公司的经营难度，甚至导致公司破产。假设考虑了负债带来的财务困境以及由此引发的投资者忧虑，公司价值应表述如下。

公司价值＝完全权益融资的公司价值＋利息节税收益的现值－财务困境成本的现值

因此，公司进行融资决策时应综合权衡节税收益和财务困境成本。总之，权衡理论描述适度负债比例的合理性。

（四）资本结构契约理论

现实世界显然不符合MM理论的假设条件，因此企业资本结构必然影响企业价值。学者沿着MM理论的脚步深入探讨资本结构对企业价值的影响，成果颇丰。詹森和麦克林提出的资本结构契约理论就是其中之一。该理论主要从资本结构激励作用、信息传递、控制权三方面研究了资本结构是如何影响企业价值的，认为资本结构既影响控制权的分配，又影响利润索取权的分配。

（五）信息不对称理论

在市场经济活动中，各参与主体对相关信息的了解是不一致的，这是信息不对称理论的基本情况。在市场交易中，处于优势地位的大多是充分把握相关信息的参与者；另一部分信息接收不完全的参与者，则多位于市场交易中的相对不利地位。该理论认为，市场中卖方比买方掌握与了解的商品信息更多，卖方可以通过向买方传递信息以在市场中获利。

早在20世纪70年代便有美国经济学家对信息不对称这一现象进行了关注和研究，这种现象为市场经济提供了一个新的视角。该理论认为市场参与各方处在信息不对称的位置上，一般而言，卖方相对买方掌握更充足的信息，卖方可据此获利。目前看来，信息不对称现象存在于生活的各个角落。信息不对称背后隐藏着巨大的道德风险并由此引发很多信任危机。国内外多位学者对信息不对称理论进行了研究，但研究止步于技术而无法解决现实中的道德风险和个人偏好问题。据此，信息不对称理论不能有力地解决企业治理层面的制度建设问题。

三、传统财务会计管理模式的主要类型和劣势

（一）传统财务会计管理模式的主要类型

根据企业财务权利配置的不同方式，理论上可将传统企业财务会计管理模式分为集中式财务会计管理模式、分权式财务会计管理模式、混合式财务会计管理模式。

集中式财务会计管理模式是指公司的财务决策权高度集中，由集团公司总部直接掌控。集团公司在内部财务活动和经营活动中实行集中管控并做出决策，成员企业和子公司必须严格遵循和执行。其特点是财务会计管理权和决策权只有少部分属于子公司而高度集中于母公司。传统企业集中式财务会计管理模式将资本管理、预算管理、信息披露、财务组织运作融合在同一个体系中实行高度集权管理，其框架如图 4-1 所示。

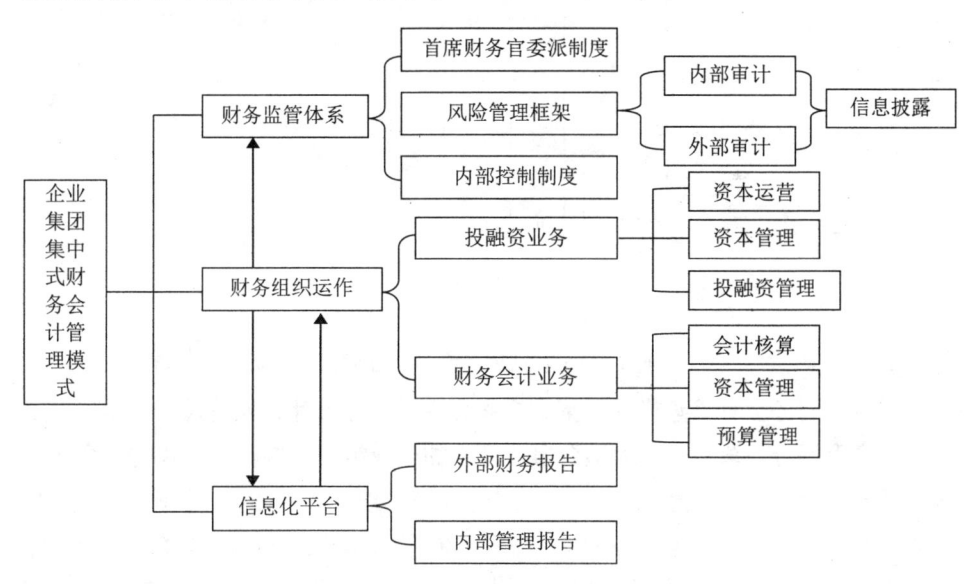

图 4-1 集中式财务会计管理模式

分权式财务会计管理模式指在财务会计管理、决策和控制过程中按照重要性原则对集团公司、分支机构和子公司事业部进行有效划分。其在方向性和战略性等问题上由集团公司负责。而子公司在财务人员选聘和解聘、员工工资奖金福利制度、财务费用开支、资本融入和产出等方面拥有较为充分的决策权，

同时可以根据公司具体情况和市场环境拥有更大的财务相关决策权。在管理上，集团公司主要以间接管理为主，而不采用对子公司的生产经营活动进行干预的指令性计划的方式进行财务会计管理。其框架如图4-2所示。

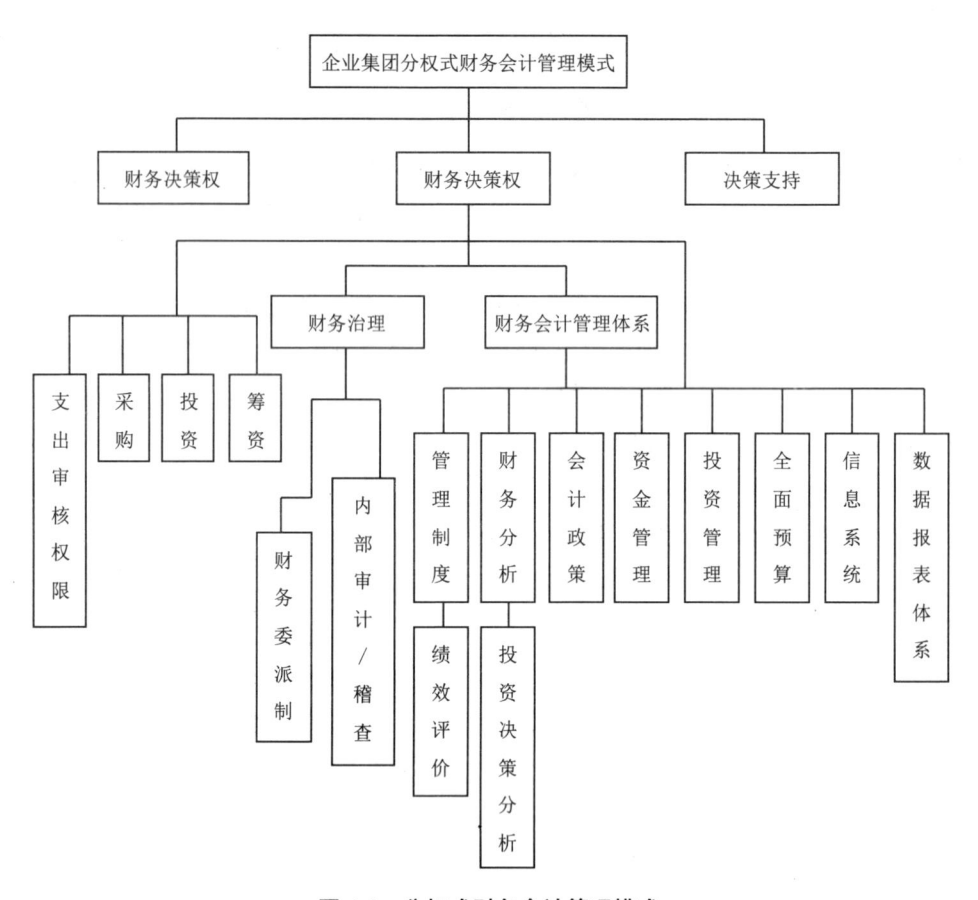

图4-2　分权式财务会计管理模式

混合式财务会计管理模式是集中式和分权式财务会计管理模式的一体化，是二者的高度结合。该模式较为适合事业部制的企业组织结构。混合式财务会计管理模式将企业投资、运营、预算、配送、财务等管理融为一体，它强调适度集权、合理分权，根据不同行业、服务、产品、位置区间等不同对不同客户受众群体的事业部授予相应的自主经营权利，但同时也使其承担自主决策、自负盈亏的风险。另外，企业集团本部保留重大事项的管理和决策权，包括人事任免、兼并和收购的决定。混合型财务会计管理模式的内容是构建"九统一分"的财务会计管理控制平台，通过该管理控制平台对企业各方面的资源，如人力、资金、信息等资源进行有效整合，从而发挥企业集团的协同效应。框架如图4-3所示。

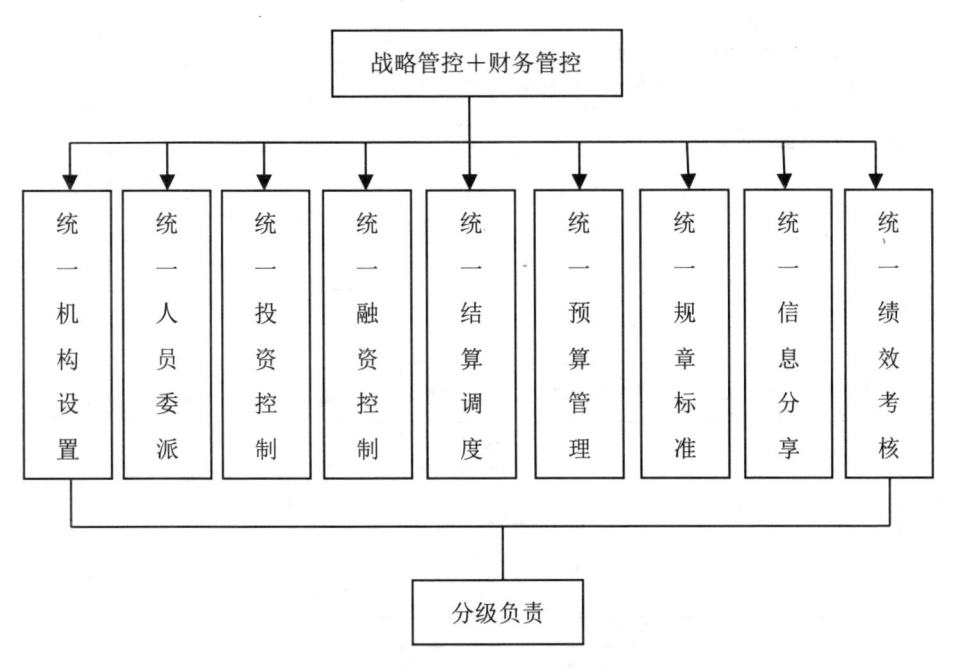

```
                    ┌──────────────────┐
                    │ 战略管控＋财务管控 │
                    └──────────────────┘
     ┌──────┬──────┬──────┬──────┼──────┬──────┬──────┬──────┐
   ┌─┴─┐ ┌─┴─┐ ┌─┴─┐ ┌─┴─┐ ┌─┴─┐ ┌─┴─┐ ┌─┴─┐ ┌─┴─┐ ┌─┴─┐
   │统 │ │统 │ │统 │ │统 │ │统 │ │统 │ │统 │ │统 │ │统 │
   │一 │ │一 │ │一 │ │一 │ │一 │ │一 │ │一 │ │一 │ │一 │
   │机 │ │人 │ │投 │ │融 │ │结 │ │预 │ │规 │ │信 │ │绩 │
   │构 │ │员 │ │资 │ │资 │ │算 │ │算 │ │章 │ │息 │ │效 │
   │设 │ │委 │ │控 │ │控 │ │调 │ │管 │ │标 │ │分 │ │考 │
   │置 │ │派 │ │制 │ │制 │ │度 │ │理 │ │准 │ │享 │ │核 │
   └───┘ └───┘ └───┘ └───┘ └───┘ └───┘ └───┘ └───┘ └───┘
     └──────┴──────┴──────┬──────┴──────┴──────┘
                    ┌─────┴──────┐
                    │  分级负责  │
                    └────────────┘
```

图 4-3　混合式财务会计管理模式

从以上分析可知，传统的财务会计管理模式的三种类型中都包含会计信息披露。财务组织部门与其他管理部门和管理流程整体融合形成财务会计管理模式的整个机制，是传统财务会计管理模式在宏观上的体现形式。另外，传统企业财务会计管理活动是在集中式、分权式、混合式这三大类型的基础上进行的，对于信息披露、预算管理、资金管理、绩效评价只做相关流程构建，将整体活动的财权分配融合在广义的三大财务会计管理模式中，不做独立模式构建。

（二）传统财务会计管理模式的劣势

由于多数大型企业集团都建立了集权式财务会计管理模式，因而此处以集权式财务会计管理模式作为传统财务会计管理模式的范本进行分析。传统企业如制造业企业的财务会计管理流程呈现出总分式的特征，企业集团下属分支机构和子公司在财务人员的管理下独立核算其经营活动中产生的会计行为并编制报表再逐层上报，企业集团根据各级部门提供的财务报表数据分析企业整体经营状况并编制合并报表。在这种模式下，传统财务会计管理流程有其自身步骤。①记录人员根据经济业务收集初始数据并记录。②业务部门将收集的原始凭证交给财务部门。③各项账务由财务部门进行审核、记账并编制凭证。④登记账簿、编制财务报表并进行整体输出。⑤企业集团进行审计和财产清查。⑥总公司编制合并报表。其财务会计管理流程如图 4-4 所示。

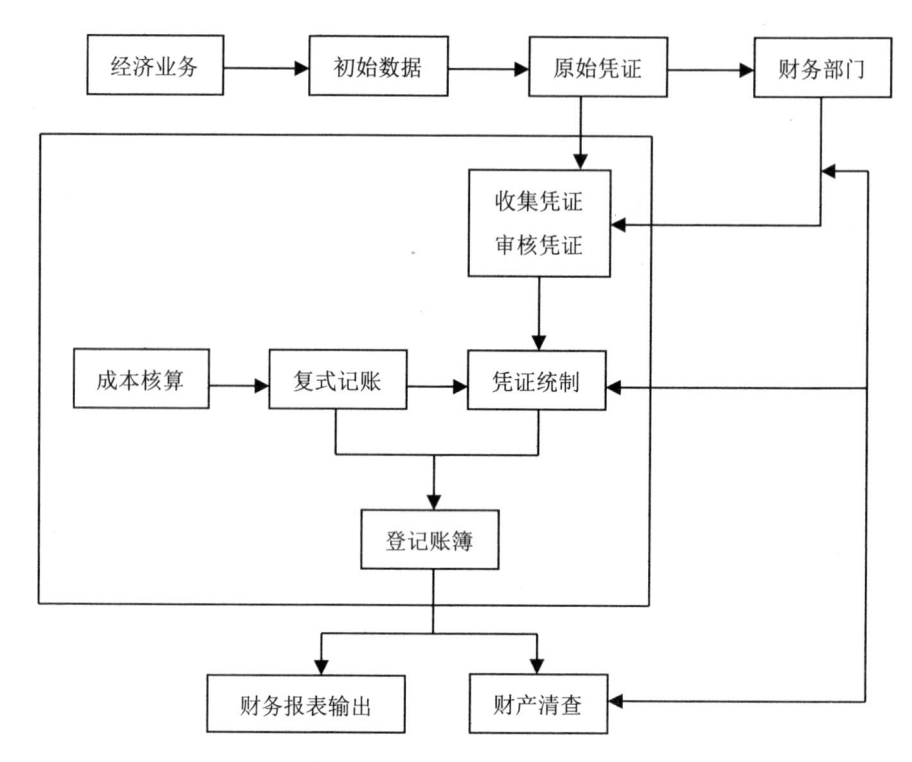

```
经济业务 → 初始数据 → 原始凭证 → 财务部门
                                         ↓
                              收集凭证
                              审核凭证
                                ↑
成本核算 → 复式记账 → 凭证统制
                        ↓
                     登记账簿
                   ↙        ↘
        财务报表输出      财产清查
```

图 4-4　传统财务会计管理流程

传统企业在财务会计管理流程中有如下缺陷：①过程比较烦琐，结构比较冗杂；②仅仅注重资金流，在信息流和物流方面并未有效反映；③重复加工数据，降低了财务会计管理效率，不易于反映企业真实的业务状况。

由于电子商务企业与传统企业在企业类型、生命周期、融资渠道、内部机制、营销模式、信息管理等方面都有着较大的区别，因此相比电子商务企业的创新特征而言，传统的财务会计管理模式在财务会计管理活动中有很多劣势。

集中式财务会计管理模式比较适合传统制造业的集团企业，这类企业多为劳动密集型企业，其财务会计管理更偏向集中管理，集中管理比较容易实现资源的优化配置，提高财务会计管理效率。而电子商务企业多为资金密集型企业，对劳动力的需求没有这么大，相反对资本、信息的管理要求较高，所以集中式财务会计管理模式并不适合电子商务企业。

就运营模式而言，传统企业与电子商务企业运营模式差异巨大。电子商务企业主要以互联网计算机技术为基础，基于线上运营，企业经营全面电子化，对信息反馈的速度和效率、对网站的运营维护等方面要求较高。而传统企业主要基于线下运营，其财务会计管理模式为集中管控财务信息并审核的组织模式。

如果电子商务企业采取这种模式，会使电子商务企业的运营效率降低，无法进行实时监控，并造成信息不对称的后果。电子商务企业的运营模式与传统企业的运营模式完全不一样，在这种差异之下，需选择适合各自具体情况的财务会计管理模式。

就财务风险而言，电子商务企业的财务风险主要体现于融资、投资风险。而传统企业的财务风险更多是关注应收账款、资金回笼等问题。相比传统企业，电子商务企业通常是先付款后发货模式，应收账款相比传统企业少很多。因此，对资本运营和风险投资等问题关注较少的集中式财务会计管理模式不适合电子商务企业。

就运营资金管理而言，相比传统企业，电子商务企业的运营成本较大，尤其在初创期通常需要大量融资做推广，运营资金主要用于平台建设、财务软件系统建设、流量资费、平台推广等，因而其银行存款也较少，更多的是融资。电子商务企业需要考虑利益相关者的权益。另外，电子商务企业货物运营资金较少，主要体现在物流方面建立企业自有物流体系可大大节约物流成本，减少货物运营资金。

从以上种种情况来看，为了适应大数据背景下电子商务企业的发展，财务会计管理模式需要变革。传统的财务会计管理模式有诸多劣势，主要表现如下。

①信息数据处理缓慢。传统的财务会计管理模式在信息处理和收集方面具有一定的滞后性。由于财务处理流程烦琐冗长，无法结合市场发展交易情况及时做出迅速反应，无法为企业经营者及时提供相关信息，从而无法使企业及时有效地进行风险管理。

②财务会计管理流程滞后。随着电子商务的高速发展，互联网行业日新月异，电子商务企业百家争鸣，在这种环境下，为了适应这种新型交易模式的财务会计管理需求，传统的财务会计管理模式必然已经落后。从运营模式上看，电子商务企业和传统企业有很大的区别。传统企业主要实行纸质化办公，还没有实现电子化在线办公、在线支付等，这就决定了其财务会计管理的流程有一定滞后性，同时也会消耗大量的人力、物力等。电子商务企业与传统企业相比，支付方式、交易方式、办公方式均实现了电子化，统一在线上进行，资金流、物流和信息流贯穿于财务会计管理的始终，实现了三流合一，拥有传统企业无可比拟的优越性。在这种背景下，为了及时跟进发展态势，提高财务会计管理效率及信息收集速度，企业亟须简化其财务组织结构和财务处理流程。另外，电子商务企业注重风险管理和内部控制，不能忽视可能对企业有各种影响的有

效信息，而传统企业则注重资金管理。因而，传统财务会计管理模式的滞后性较难满足电子商务企业的相关需求。

③财务会计管理效率较低。在传统的财务会计管理模式中，信息处理周期较长，财务流程较为烦琐，财务数据在财务部门和集团部门被层层加工和传递造成了数据重复加工、信息失真和管理效率较低等问题。

另外，传统企业多数并未涉及信息流，物流和资金流未实现有效结合，这就导致在主要反映资金流状况的财务数据中，滞后的财务信息无法使物流和信息流实现统一，从而进一步导致了传统财务会计管理模式效率较低。

由于电子商务对企业的财务会计管理有着较大且多方面的影响，而传统财务会计管理模式有着以上这些劣势。因此，传统财务会计管理模式已不能继续沿用，电子商务企业财务会计管理模式必须及时进行创新。

四、电子商务企业财务会计管理模式的创新点

电子商务企业财务会计管理模式的主要创新点主要表现在以下两方面。①组织机制创新，即传统企业财务会计管理模式只从广义上构建组织机制体系，分为集中式、分权式、混合式三种类型。电子商务企业则在广义的集中动态式、网络式两种机制体系基础上从狭义角度细化分级为会计信息披露模式、财务组织模式、绩效评价模式、预算管理模式，并将资本管理和财务信息管理这两大传统财务会计管理工作中涉及不多、重视程度不高的活动单独列出来，作为电子商务企业的两个创新模式：资本管理模式、财务信息管理模式。传统企业在这些方面只做流程管理，不做模式构建。②具体实施流程创新，从狭义上对电子商务六个财务会计管理模式实施流程与传统企业相关流程的差异进行对比并指出创新之处。

和传统企业相比，电子商务企业对会计行为的信息性尤为重视。在大数据背景下，云财务以及财务共享的产生使人们对企业财务信息管理的要求越来越高。另外，电子商务企业以资金密集型企业居多，它们对融资、筹资的需求较旺盛，通过融资企业能够对所获得的资本进行合理配置，资金的应用效率在一定程度上得以提升。企业需要通过资本市场筹集大量资金进行应用与运作，将筹资利用于投资以期获得新的增长点，进而获取更高的投资收益。因此，企业在构建财务会计管理模式体系过程中应当遵循功能化原则，具备模块化的先进思想。基于这些原则，在这两种新型财务会计管理模式的基础上，可以对电子商务企业的财务会计管理模式继续进行细化分级。对狭义上的六大财务会计管理模式的创新点进行分析，不仅是从宏观上归纳其与传统财务会计管理模式对

比之下的创新之处，还是从微观上对具体财务会计管理流程的创新之处进行分析，如图4-5所示。

```
                    电子商务企业
                    财务会计管理模式
    ┌──────────┬──────────┬──────────┼──────────┬──────────┬──────────┐
  会计信息     财务组织    绩效评价    预算管理    资本管理    财务信息
  披露模式     模式        模式        模式        模式        管理模式
```

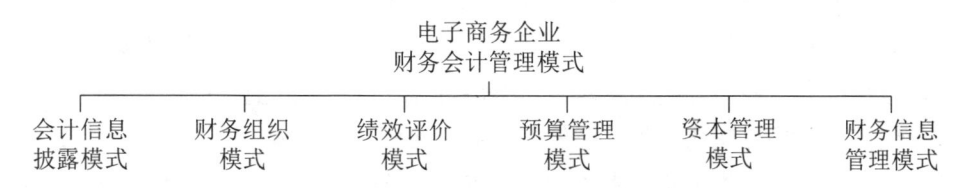

图 4-5　电子商务企业财务会计管理模式组成

电子商务企业在传统财务会计管理的基础上从狭义方面对其模式进行细化分级和创新，建立了以上电子商务企业独有的六种财务会计管理模式。在此主要取狭义上的财务会计管理模式，并对其创新点进行具体分析。

（一）会计信息披露模式创新点

电子商务企业依然倾向于强制性的会计信息披露，自愿程度不高，与传统企业大致相同，较为独特的是其较多涉及电子商务会计信息的公共物品属性，虽有一定的新特征，但创新点不明显。

会计信息披露模式是指采用典型化和抽象化的方法，对一定时期内会计信息披露的内容、动因、特征和方式等状况进行分类，最终在财务信息披露定式和类型上形成具有代表性的模式。据国内外学者研究，会计信息披露模式的基本类型有两种：一是强制性披露；二是自愿性披露。

影响会计信息披露的主要因素包括以下三点。①组织因素。企业在治理过程中重视治理效率，因高效治理而产生利好会计信息有利于帮助企业争取更好的资源和优势。因此在这种情况下，企业通常不会放弃披露机会。相反对于治理结构不够完善的企业而言，企业实际控制权往往在内部，过度集权未能有效改善而导致治理效率较低。为了掩盖这些事实，企业内部会设法避开会计信息披露。②企业绩效。对于电子商务企业而言，披露良好的企业绩效有利于改善企业形象和商誉，增强投资人对企业的信心，可进一步扩大融资水平，吸引潜在合作者和客户，在这种情况下企业自觉披露会计信息的可能性大大提升。③股权结构。电子商务企业的风险投资占很大比重，因而其会计信息披露更加偏向强制性。

（二）财务组织模式创新点

财务组织模式的创新点主要体现在：单独设立财务部单独管理，由过去的垂直集中管理、各部门相互连接模糊分工、重复设置机构、财务组织重合较多，转变为强调组织网络化、财务共享化、组织独立性的组织结构创新，另外独立设置了财务共享中心，从而在根本上实现了财务组织模式的创新。

企业财务组织是企业内部人员和财务工作承担者构成的组织体系，是实现企业财务目标的一个组织群体，具有特定的职能、一定的组织架构和内部价值取向等特征。企业财务组织还具有动态性特征，即根据企业不同的发展阶段，企业内部不同环境变化，为适应外部环境变化而做出具体调整。财务组织最主要的目标是通过服务于企业组织架构、主营业务、公司战略等在财务工作中实现企业价值和绩效的同时为利益相关者创造价值。企业财务组织的核心是权责分配，强调集权和分权的分配平衡。所谓集权主要包括收益分配权、投资决定权、人事处置权、筹资选择权、战略决策权、资产运营权等，决定权最终集中于企业最高管理层。所谓分权就是在母公司的领导下为促进子公司的发展，大量下放权利，子公司、分支机构、事业部等拥有生产调度权、人事任免权、资源配置权、管理决策权等。这两种组织模式是较为理想化的，较少有企业能达到绝对化集权或分权。构建财务组织模式需要重点关注财务组织功能内部划分和职能分配，同时需要厘清财务部门与其他职能部门、各组织部门之间的权利责任义务关系。企业财务组织模式和组织架构构建主要由集权和分权的程度所决定，电子商务企业也不例外。因此，构建电子商务财务组织模式的开端就是企业财务组织权责分配。综上所述，根据电子商务企业的特性，其财务组织模式的权责分配体系分权程度较高，具体如图4-6所示。

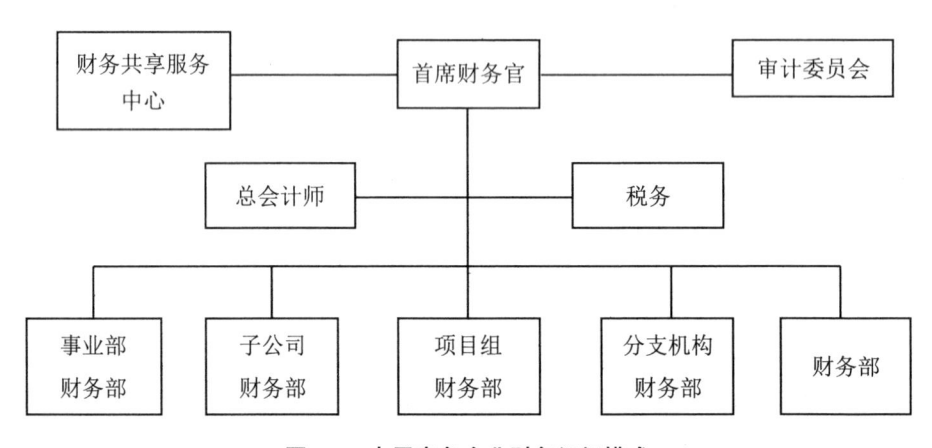

图4-6 电子商务企业财务组织模式

传统企业财务组织模式的特征是集团统一管控，以同一套财务组织模式管理母、子公司，财务部门并未单独设立出来，与其他部门融合，分工状态较为模糊，其财务组织模式表现如图4-7所示。

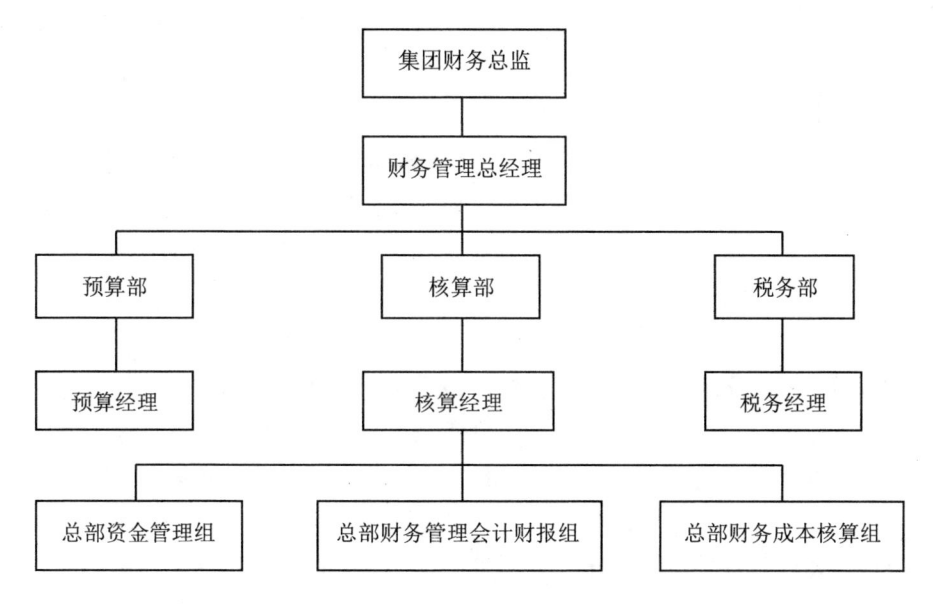

```
                    ┌─────────────┐
                    │ 集团财务总监 │
                    └──────┬──────┘
                    ┌──────┴───────┐
                    │ 财务管理总经理│
                    └──────┬───────┘
         ┌─────────────────┼─────────────────┐
    ┌────┴────┐       ┌────┴────┐       ┌────┴────┐
    │ 预算部  │       │ 核算部  │       │ 税务部  │
    └────┬────┘       └────┬────┘       └────┬────┘
    ┌────┴────┐       ┌────┴────┐       ┌────┴────┐
    │ 预算经理│       │ 核算经理│       │ 税务经理│
    └─────────┘       └────┬────┘       └─────────┘
              ┌────────────┼────────────┐
       ┌──────┴─────┐ ┌────┴─────────┐ ┌┴──────────────┐
       │总部资金管理组│ │总部财务管理会计财报组│ │总部财务成本核算组│
       └────────────┘ └──────────────┘ └───────────────┘
```

图 4-7　传统企业财务组织模式

（三）绩效评价模式创新点

绩效评价模式创新点主要体现在：在指标体系上实现了创新。电子商务企业与传统企业相比在绩效评价模式方面开始更多地关注非财务指标，并将评价指标丰富化，构建一套合理的评价体系。

电子商务企业绩效评价模式是在一定的管理学方法、财务分析技术和财务原理的基础上，通过财务指标和非财务指标构建的一系列评价程序和绩效评价体系，从而为电子商务企业量化评价方法和流程，以特定的经营期为依据对其经营活动中的经营成果进行量化指标分析评价，能够为企业提供发展状况方面的依据，为企业制定经营战略、财务会计管理子模式提供参考。其绩效评价模式具有全面、综合、系统的特点。

在一般情况下，电子商务企业较重视财务指标，对非财务指标的考核通常涉及不多。为了完善电子商务企业评价体系，促进企业可持续发展和实现整体经营目标，在大数据背景下，电子商务企业管理趋于多元化。这就需要企业综合考虑非财务指标和财务指标，全面、综合、系统地评价企业的经营绩效，从而使二者相互促进、相辅相成，共同构成企业综合的绩效评价体系。

（四）预算管理模式创新点

预算管理模式的创新点主要体现在实时变化性和不固定性上。由于电子商务企业分权程度相对较高、现金流量大，因此电子商务企业预算管理模式中较多地融入了薪酬激励机制。

预算管理是指在企业经营活动中以企业战略目标为导向，为确保预算资金规范运行，在为经济活动进行充分预测和筹划的同时对资金进行的一系列组织、调节、控制、监督活动的总称。预算管理能有效地将实际经营状况与预算目标进行对比分析，从而适时调整经营活动，以最大限度地实施企业战略目标，实现企业规划，是财务会计管理的重要组成部分。

电子商务企业预算管理模式的主要工作职能有：以战略目标为指导，充分预测和筹划企业未来的经济业务活动，根据实际经营状况和预算管理目标的对比及时调整经营策略，从而实现企业价值最大化和企业战略管理目标。基于电子商务企业的预算管理模式两面性的特征，过度宽松的预算政策可能导致企业各项成本费用的增加，管理费用也随之增加，这就容易给企业带来较大压力。过度紧张的预算政策则不利于企业的发展，保守的预算政策使企业错失发展良机，在执行过程中无法大展拳脚，从而阻碍企业扩张，使其失去竞争优势。另外，电子商务企业有着较大的现金流，预算如果跟实际经营状况相去甚远很容易导致资金链出现问题，给企业造成非必要的损失，具体如图 4-8 所示。

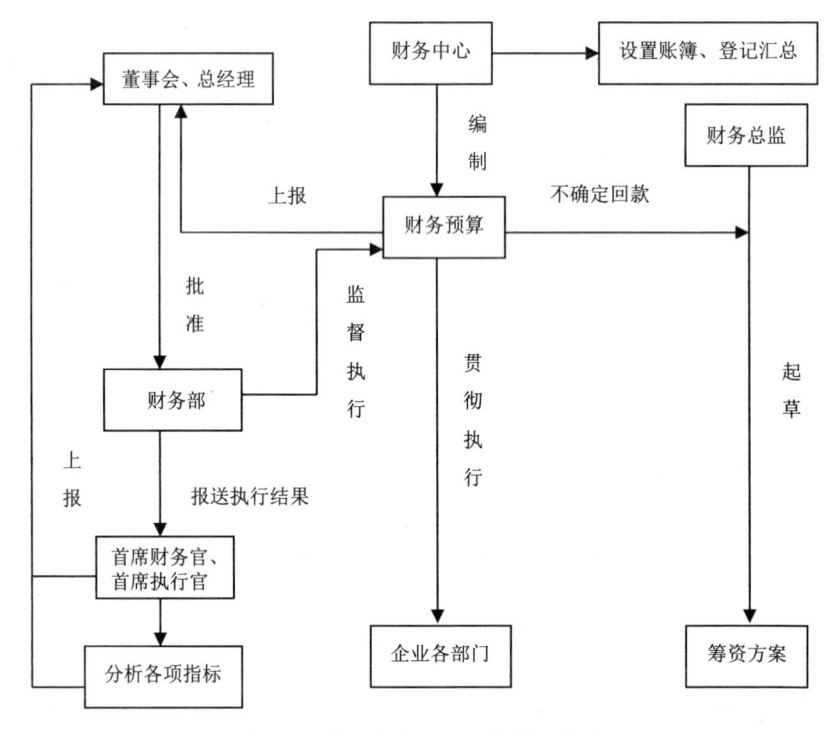

图 4-8 电子商务企业预算管理模式

传统企业的预算管理模式主要有四类：以成本为核心建立的预算管理模式、以销售为核心建立的预算管理模式、以利润为核心建立的预算管理模式、以现金流量为核心建立的预算管理模式，如图4-9所示。

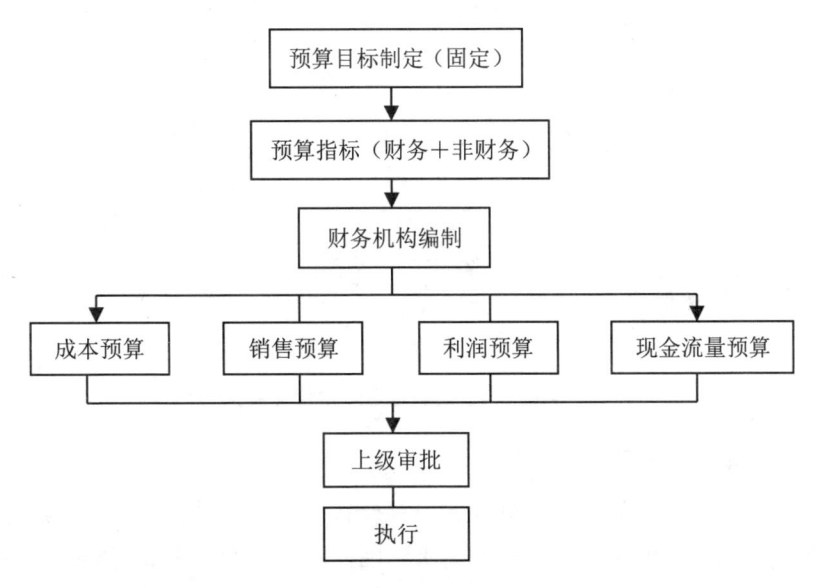

图4-9 传统企业预算管理模式

由于电子商务企业有其独有的特性，生命周期也比传统企业大大缩短，因此其在预算管理模式的选择上通常是根据企业每个不同发展阶段的实际经营情况和发展状况来决定的，并不同于传统企业较为固定的体系。电子商务企业在成立初期，预算管理的核心通常是资本预算，在成长期的核心是销售预算，在稳定期的核心是成本预算，在衰退期的核心则是现金流量预算。

综上所述，电子商务企业的预算管理模式与传统企业相比，主要考虑因素是预算执行程度和进程。

（五）资本管理模式创新点

电子商务企业将资本管理模块单独出来进行模块化设计，构建了一套全新的资本管理模式，从各个方面丰富资本管理全过程而不像传统企业那样模糊分工，这就从根本上实现了创新。

电子商务企业资本管理模式是电子商务企业财务会计管理模式的独有构成成分。传统企业并未在资本管理模块进行专门的财务会计管理模式构建，通常只做流程构建。若电子商务企业具有一定的规模，企业的经营目标归根结底还是股东价值最大化，那么采用何种政策进行融资、投资，进而对资本进行运作、分配以实现资本增值就显得尤为重要。因此，企业的资本管理也是工作的重中之重。电子商务企业的资本管理流程如图4-10所示。

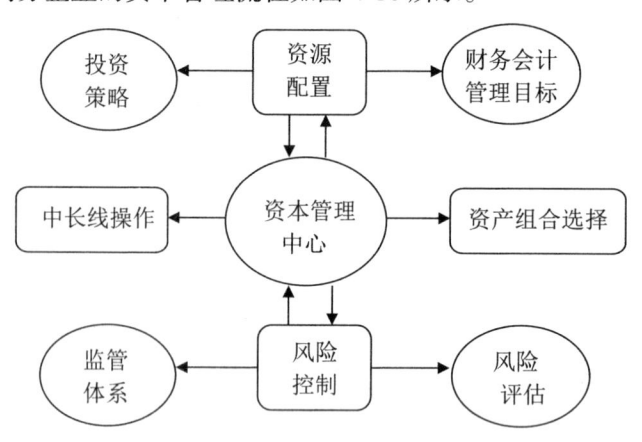

图4-10 电子商务企业资本管理模式

（六）财务信息管理模式创新点

传统企业融合于集中式、分权式、混合式之中模糊的、不系统的财务信息管理方式已不适应电子商务企业的需求。因此，电子商务企业将财务信息模块单独列出来构建了一套全新的财务信息管理模式，从根本上实现了创新。

电子商务企业财务信息管理模式的重点在于财务"信息"，是指财务部门和非财务部门在统一部门的协作下对信息流动进行快速有效的收集分析，得以实现财务信息从收集、储存到传输再到编制的一种管理模式。它是一个实现企业统一信息流、物流、资金流，并且业务、财务流程相融合的系统工程，通过财务信息网络化和数字化使财务信息资源得以重新编制生成。此模式基于互联网和计算机技术，通过对各个部门的财务数据进行归集整理，从而为企业管理提供实时信息，进而实现数据收集归类和处理，为信息使用者提供报告，以便其做出决策和支持。电子商务企业财务信息管理流程及管理模式如图4-11、图4-12所示。

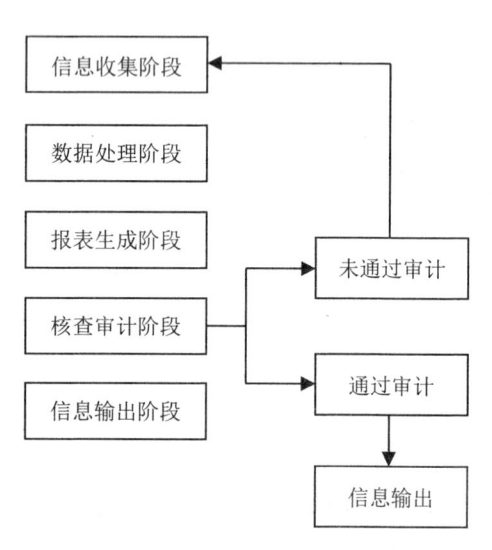

图4-11 电子商务企业财务信息管理流程

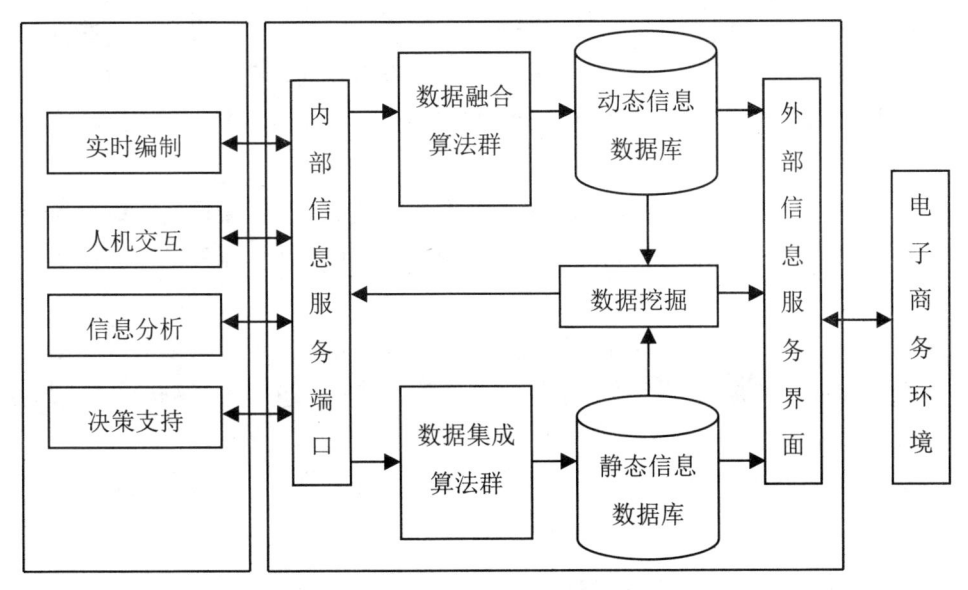

图 4-12　电子商务企业财务信息管理模式

第二节　电子商务企业财务会计管理模式的三个维度

一、电子商务企业财务会计管理模式的成本控制维度

（一）电子商务企业拥有较低的采购成本

比起其他企业的采购业务而言，电子商务企业的采购业务是在网络上进行的，具有很明显的优点。例如，交易双方处于公平、平等的环境下，电子商务企业的采购是在网络上沟通、议价、建立合同，并完成订单和直接在网络上用网上银行的支付系统实现交易的完成。这种方式不受时间、地点的限制，省时、省力、省成本完成交易。而传统的采购是通过电话、传真等方式进行的，最终还需要双方见面会谈沟通，才能达成交易，这种方式相当落后，而且不便于企业间的及时沟通，与电子商务企业的采购方式差距较大。电子商务的优势还体现在可以及时通过网络监控自身的剩余库存量，可以有效降低库存成本，减少产品成本。产品成本降低可以吸引更多的客户购买，提高产品的销售量。

（二）电子商务企业拥有较低的生产成本

电子商务企业本身应该控制以下几方面成本。

一是库存资金的成本，主要为货物所占用的资金，库存越多，库存中的成本越大。企业合理的库存量是解决资金链与资金流的最有效的办法。一些企业追求零库存的管理目标,具体到不同企业要结合自身的业务属性来制定。企业可以通过调研和分析得出自身市场销售情况与预计的销售情况,在不影响正常经营的前提下选择库存的最低保有量。

二是库存周转率,库存的周转率也是库存控制中一个重要因素。库存周转率是决定企业库存成本的重要因素,直接影响着库存成本,是产品存量控制的可靠保证。

三是库存的折损率,即库存管理中的产品保管损益。库存折损的成本也是库存管理过程中的一个重要因素,直接关系库存成本的同时也影响产品的质量和售后满意度。

四是产品运输和人员配送的成本,其可以根据季节和销货周期做出合理的规划,全方位地减少电子商务企业的运营成本。

二、电子商务企业财务会计管理模式的收益实现维度

电子商务企业近些年来在世界范围内高速发展,吸引了越来越多的投资者进入这个潜力巨大的领域。这种格局也使众多学者对该领域企业的财务会计管理模式进行了不断探索。在全球范围内,企业不断通过电子商务来使自身的竞争力不断增强。但是,在这一行业取得成功的企业到现在为止依然屈指可数。伴随信息时代的到来,电子商务平台的应用和推广会越来越具有普适性。这也给传统行业的发展模式敲响了警钟,带来了挑战。具有财力资本、人力资本的战略投资者已经开始关注电商化设施和项目,打破初始投资较大的这个行业壁垒。我国很多中小企业在电商化改革和创业过程中由于资本充足率较低等原因,难以长期发展下去乃至夭折。在电商化改革的前期,投资与收益肯定不成正比,致使缺乏全局性眼光的企业发展缓慢。为了促进电子商务企业提高效益和促进传统企业的电商化改革,我们必须深刻总结现代化电子商务成功的财务会计管理模式。网站的维护与不断更新、加盟具有高品牌度的电子商务巨头、专业的人才培养模式,这些都是现代电子商务领域不断发展的必备条件。

在创立了企业官网之后,大多数企业就以为成功开始进行电子商务了,客户可以被吸引来而使自身获得收益,这是不正确的思维。不管是B2B,还是B2C的客户,企业都不可以将网站作为对外的窗口。企业要想取得电子商务上的成功,拥有适当应用模块的专业的销售平台,是其必需的元素。客户通过高效的平台便捷地获得商品和服务,如此电子商务业务的收入范畴就会扩大和稳固。拥有了良好的平台,电子商务企业还需要充足的资金和可投资的项目来进

行发展。对于资金，企业可以向金融机构贷款或向民间融资，如果能够参与高科技项目顺应税收政策的优惠就更利于自身的发展。但是，电子商务企业欲实现长期稳定发展，与金融机构的关系会直接影响其发展态势。

一般刚起步的企业可以模仿行业领头羊的运营范围逐步跟进，但模仿只是起步，最终的目标是通过产品创新实现稳健增长的收益。面对资金流的问题，电子商务企业可以在起步阶段先加盟行业巨头或者与其他领域有意向的企业进行合作创立。比如，腾讯本身是社交领域的巨头，但是注资京东集团之后，彼此的优势互补必将产生强劲的生产力和可观的经济收益。所以，对于我国目前经济整体增速放缓的大环境而言，跨领域融合会在一定程度上规避单行业风险，能使企业产生 1+1＞2 的效果。例如，余额宝计划如火如荼地进行让传统银行业感受到了压力，这不仅使淘宝网获得了充足的资金量，也使企业应收账款的坏账损失率大大降低。

一个良好的电子商务投资项目通常是由资深人员专业调研过后制定的，由优秀的项目人才实施，最终为企业实现收益。但是现在众多电子商务企业想通过电子商务项目，使其在运营、管理、客户开发等层面共同作用下实现较高的投资收益率，却不愿意投资聘请专业人士参与到电子商务项目中，这样的企业必然无法获得成功。对企业而言，掌握电子商务运营的专业人才是必需的人力资本投入。一般可以将电子商务项目运作成功的企业，大多是舍得花费资金给职业经理人的，这样的企业也大多能够获得高额的回报。与此同时，项目的投资回报率会很高。一个好的电子商务项目，在充足的资金流支持和智力成本的作用下，才会产生应有的经济价值。

三、电子商务企业财务会计管理模式的纳税筹划维度

电子商务作为一种最新的商务贸易形态，正在逐步提升其在经济发展过程中的重要地位，所以电子商务企业的税务筹划也需要人们进行探索。一般而言，电子商务的税务可以根据业务属性大致分为三种。

第一种是以互联网作为交易平台的真实商品交易，如在线交易、网络购物之类。这种商务活动跟传统的经济活动没有本质的不同，几乎可以完全依据传统的计缴方式来征税。这种商务活动不会因为方式的不同使企业负担额外的税额，也不会使政府税金有所减少。这些凭借网络订单系统就能够运营的电子化商场跟普通商场一样，通过其利润或营业额来计税，不需要考虑其营业方式的特殊性。

第二种是在电子通信技术进步的基础上发展起来的信息服务方式。新兴的

这类商务活动并不在商家与消费者之间实行有形商品交换,换句话说,其销售的就是可能被需要的各类信息。在平台上发布了信息之后,有需要的客户会来查询和购买,电子商务企业本身只需要设计好收费策略和信息提供方式,如定期向某方面有需要的贵宾客户输送特定的"商品"。这类交易是无形的,但在商品流转的同时有资金流生成。对这类经济业务的征税,一般是通过现金流量的大小核算出相应的税负比例。

第三种是数字化的信息商品。一般而言,这类商品涵盖了在线图书购销、IT软件销售以及有声图文资料销售之类。但难点在于,此种交易收益的归类一直很难判定,是算在"特许权的使用费",记在"销售收入",还是"其他收入",直到目前学术界依然有争议。对于此问题,当前各个国家没有达成统一的意见,这也成为未来网络财务研究的一个领域。

当前我国电子商务领域的业务范围基本涵盖资源交换、网络结算、物流配送、网络销售、售前与售后服务等。电子商务这种被予以网络化及电子化的商业活动逐渐引起人们的共同关注。与此同时,因为支付、结算和流转的方式等有所不同,当前税法对电子商务领域还没有明确的税务规定,给企业的税务筹划提供了很大的余地。

如上所述,电子商务格局的不断演化不仅使企业拥有了更快速、更高效的资金运转模式,同时也使该行业的税务筹划具有很大的可操作性。其税务筹划的弹性可以体现在以下几个层面。

(一)基于管辖权的差异性进行税务筹划

大多数国家的税收征管权限一般分为居住地定性和收入来源地定性两种。如果某业务在两种管辖权划归上出现冲突,一般是协商进行解决。税法将中国公民的国外投资收益与非居民在中国境内的收益也分别征税。也就是说,因居民属性而有所差异的所得额,税法对于这些收入的认定标准会有所差异。传统业务的税法认定包括,对产品销售的征税事项主要根据产品所有权转移的地点,而对劳务的税务核算则根据实际劳务发生地,特许权的税收通常跟受益人所在地保持一致。但是,由于电子商务领域的经济活动往往具有符号化、网络化、全球化以及交易活动匿名化的特点,其经济行为在多数状况下被转换为"信息流"在广域网传输,这让税务人员很难根据以往税收的标准来划分地点、人物、事件等类属。随着电子商务领域的多元化开展,该领域的企业可以根据企业适时的税务核算要求,灵活选择管辖权的真空带进行筹划,而税务人员则无法判定纳税的时间、地点以及对象。

（二）基于业务性质不同进行税务筹划

多数电子商务企业的注册地址位于各城市的高科技产业园内。企业自身拥有科技创新型企业的资格认证，营业执照所限定的经营范围并没有提及电子商务。一些企业的营业执照上虽写着从事信息集成、软件开发类业务，事实上却大多开拓电子商务领域。那么，这些企业是该划分到所得税层面的高科技领域，还是应该划分到生产制造业？由于性质差异很大，总是难以判定，这也使得企业拥有的税收待遇差别很大。在所得税范畴内，生产制造业的投资者如果是外商，可与高科技企业同样拥有定期减免的税务优惠以及比例税率调低的待遇。在增值税范畴内，生产制造业和以贸易为主导业务的企业在进项税额的抵扣时间区分上差异很大。与此同时，软件开发类的企业可以拥有超过超额增值税率即征即退的特权。根据以上情况，从事电子商务领域业务的企业划分到哪种类型即成为纳税的关键所在。基于上述判断上的难度与复杂度，一般纳税人则可以依据企业发展的实际情况综合税法规定实施具有可行性的节税行为。

（三）基于收入确认差异的税务筹划

将原有财产以数字化形态展示，电子商务企业就可以模糊自身产品的网上购销行为。税法目前并没有划分此类交易为销售收入或者服务收益。但是，对于有形商品销售、劳务提供以及无形资产的使用，税收待遇的规定是差异很大的。基于税法规定，纳税人可灵活根据企业本身的发展实施税务筹划，享受最大限度的税收优惠。

（四）基于定价策略差异的税务筹划

由于电子商务模式改变了企业商务活动的实施方式，之前应该由人进行的增值业务，现在越来越倾向于机器与软件的协同。快捷的网络传输让关联企业在生产商品和销售劳务方面运作性更灵活，可便捷地、有针对性地进行收入分配和费用摊销，采取组织利益最大化的定价策略。在此过程中，因为电子商务企业通常匿名付款、加密信息以及无纸化实施业务，税务人员难以判断具体的交易行为，所以就为电子商务企业的税务筹划提供了又一种可能性。

（五）基于无纸化特点的印花税筹划

电子商务企业的经济活动基本上是无纸化的，一般由买卖双方电子化进行。网上的订单是不是具有与纸质合同相同的作用和性质，尤其印花税是否需要缴纳，当前税法的这种不确定性也为电子商务企业税务筹划增加了操作空间。

第五章 企业财务会计管理的风险

企业财务会计管理的风险是企业经营风险中比较常见的一种类型,具有一定的可预测性、可规避性,但是同样存在突发性、不确定性和严重危害性。做好这方面研究能够提升企业的抗风险能力,提高企业的市场竞争力和企业收益,因此已经成为企业日常经营管理中重要的工作内容。本章分为电子商务企业财务会计管理的风险类型、电子商务企业财务会计管理的风险状况和存在原因、电子商务企业与传统企业财务会计管理的风险比较、电子商务企业财务会计管理的风险管理体系构建四部分,主要内容包括融资风险、投资风险、技术风险、资金回收风险等。

第一节 电子商务企业财务会计管理的风险类型

一、融资风险

电子商务企业对资金的需求更加迫切,但很多电子商务企业融资状况并不理想,面临着融资渠道窄、融资困难的现状。银行贷款是传统企业较为常用的融资方式,但由于电子商务企业市场前景不明朗,面临很大风险,再加上属于轻资产运营,所以很难获得银行贷款,仅仅依靠自身资金或有限数额的政府补助来实现企业快速发展很不现实。电子商务企业主要依靠投资者投资,但吸引投资者也是非常具有挑战性的任务。企业的创新能力、技术水平、盈利模式、未来发展潜力等是其从众多竞争对手中脱颖而出,获得投资者投资的关键,存在很大的不确定性。在这些因素的综合作用下,企业在经营过程中容易发生资金入不敷出的现象,引起财务会计管理的风险。

二、投资风险

在进入成长期后,电子商务行业如果依旧单纯地进行电子商务的运作,将会减缓自己的发展速度。由于市场的饱和,商品品牌效应的存在,将希望寄托在同行业的竞争上显然是不明智的。此时的电子商务企业除了涉足电子商务领域外,也开始进入其他行业进行多元化发展,如苏宁云商,其除了涉足电子商务以外,还同时创建了物流公司,开拓了更多的综合性业务。

发展初期的各电子商务企业基本都有自己的营销方向,但是随着其不断扩张和资本积累,综合电子商务平台已成了电子商务企业发展的潮流。各电子商务企业的销售产品雷同,同质产品的增多加剧了各电子商务平台之间的竞争,即便生产出优秀的产品也有可能不被消费者所青睐,投资风险因此产生。

投资项目的选择对电子商务企业来说十分关键。在电子商务企业同质化严重的背景下,一个创意好的项目能让企业赚得盆满钵满,与之相反,没有好项目可能拖垮企业的资金链。

三、技术风险

电子商务高速发展,深刻影响并改变着人们现在的生活习惯。从 C2C、B2C 等传统的电子商务到如今 O2O、移动电商,电子商务正在从电脑转移到手机、平板电脑等移动电子设备上,短短几十年间的惊人变化要归功于技术的创新。技术对于电子商务的发展来说至关重要,这就意味着企业若缺乏技术做支撑会很容易被淘汰。不仅是技术发展,系统稳定性也是技术风险的重要来源。

四、资金回收风险

企业通过筹资活动,将筹集到的资金用于投资生产并输出产品或服务,能否将产品或服务出售,出售之后的产品或服务是否能按时收回货款,这些都是风险产生的原因。企业要降低坏账率就必须准确把握市场需求。为降低企业的坏账发生率,企业需清楚地了解对方企业真实的财务状况、诚信度并制定合理的购货合同以及采取及时的催收措施,必要时可采取法律手段讨要欠款,减少财务会计管理风险的发生。

第二节 电子商务企业财务会计管理的风险状况和存在原因

一、电子商务企业当前的财务会计管理风险状况

电子商务企业多指通过网络,将生产加工出的商品,经过包装,销售给客户的企业。同时,因为市场的需要,电子商务作为新型行业,由单纯进行网络

商品交换交易，转变为多样性的经营，电子商务企业的贸易活动范围，包括了所有利用电子信息技术进行经营活动的范畴。作为新兴企业，电子商务企业有着自身优势：因为新兴，所以机会较多，竞争也较为公平。但是正因为电子商务行业起步较晚，其规模普遍较小，有的由母公司创建却受制于母公司的管理制约，运营自由度较低。同时对于很多电子商务企业而言，其自身没有实体店面，缺少固定资产等可抵押资产的支持，所以筹资困难，在运作过程中无法得到很好的资金支持。

总体来看，在网络发展的大环境下，电子商务类企业的发展还是很有前景的，新时代的商务活动跨地域、跨领域覆盖，都需要依托新的电子商务形式进行运营。

由于电子商务属于新兴产业，因此多采用快速扩张型战略，以能够在最短的时间内抢占最多的市场份额。但是，电子商务企业如果实施这种财务战略，就需要做好充足的准备，因为风险与收益往往是并存的。电子商务企业一旦更多地利用负债进行运营，高负债的财务杠杆的使用，短期也许可以为企业带来更多的利润流入，但是也不可避免地带来长期高利息的资金流出，使企业遭受较大的财务会计管理风险影响。综合来看，当电子商务企业采取扩张性财务战略进行经营时，其财务特征一般会表现为"高负债、高收益、少分配"。在这种情况下，电子商务企业的财务会计管理风险一般都比较大，需要从以下角度对电子商务企业的财务会计管理风险进行控制。

（一）投资角度

对于电子商务企业而言，其投资方式与普通企业略有不同，大体可分为两种。一种为实现资本扩张，多采用兼收并购的形式，但是这对于电子商务企业的资产要求较高，一般为大型电子商务企业所考虑的投资方式。对于这类电子商务企业而言，当其提高自己的杠杆作用系数时，将会提升自己的盈利能力，给企业带来更高的价值流入。但是这种投资方式风险较大，一个决策的失误就有可能重创企业。另一种则是依靠日常业务的交易获得资金流入，这是普通的电子商务企业多采用的投资方法，但是同样具有一定的风险。在这种情况下，电子商务企业的投资较为单一，受到财务会计管理风险的影响也会更大。

（二）筹资角度

筹资战略作为扩张型战略的重点，是电子商务企业发展规划的核心问题，杠杆的使用就是从筹资角度进行分析的。大部分企业都不会固定于一种筹资模式。当企业发展到不同的阶段时，因为其所追求的营业目标不同，企业能提供的资金数量不同，所能承受的财务会计管理风险也不同，需视具体情况而定。电子商务行业作为朝阳产业，充满活力，电子商务行业的企业家采用多元化的筹资战略，能较为合理地控制企业的负债利率。通过多元化的筹资，企业在获得资金支持的同时，能够分散负债引入带来的财务会计管理风险。电子商务企业多为快速发展的企业，依靠较高的财务杠杆进行经营，这种经营方式在给企业带来高收入的同时，也带来了较高的财务会计管理风险。

二、电子商务企业财务会计管理风险控制中存在的问题

电子商务企业目前多采用较为激进的杠杆进行经营，这就在无形中加大了企业所面对的财务会计管理风险。众所周知，企业使用杠杆离不开负债，负债融资对于不同的企业影响也是不同的。高杠杆系数意味着负债的增加，负债的增加虽然能够在企业经营过程中创造更多的价值，但并不意味着多多益善。我国目前的电子商务行业财务会计管理风险控制存在着以下问题。

（一）综合风险观念不强

电子商务行业在财务会计管理风险控制方面依旧处于不完善的状态。各电子商务企业很少对其可能遇到的财务会计管理风险进行全面分析，因此在遭遇潜在的财务会计管理风险危机时缺乏行之有效的规范化处理手段。

（二）财务杠杆使用不科学

目前国内的电子商务活动普遍追求的是快速扩张，希望能够最快速度、最大限度地占领市场，这种情况造成了部分电子商务企业并没有结合自身实际情况进行杠杆的使用。许多企业盲目筹资经营，在经营效果得不到保障的情况下，多个电子商务企业陷入高财务杠杆、高风险的经营困境。

（三）不重视经营杠杆的使用

电子商务企业自身的资产状况是导致这一问题发生的主要原因。电子商务企业由于其性质，对于固定资产的需求较少，因此不重视对可抵押资产的投资，导致资产组合失衡。许多企业没有意识到投资固定资产虽然在短期内可能产生一定的资金支出，但是从长期来看，当产品的生产数量达到一定程度的时候，使用经营杠杆带来的固定资产的投入可以在一定程度上降低产品成本，给企业带来收益。同时，当企业遭遇财务会计管理风险时，固定资产的存在可以在一定程度上降低这一风险。

综上所述，当前电子商务企业在面对财务会计管理风险时，风险管理仍处于较低的水平，各电子商务企业需要在发展过程中通过对杠杆的合理使用，将财务会计管理风险的控制作为重点。

三、电子商务企业存在财务会计管理风险的原因分析

（一）外部因素

1. 政治法律环境

随着电子商务的飞速发展，国家出台相关法律法规制度相对滞后，电子商务企业在会计要素确认和计量方面发生着很大变化，而根据现有会计准则对收入的确认存在一定的难度。由于电子支付即时确认收入，但存在退换货较为频繁的问题，收入的确认具有很大的不确定性。《企业会计制度》要求按照权责发生制确认企业的收入，但在电子商务交易中一般是在支付结算完成时，系统自动确认与计量，实质是按照收付实现制确认收入。货币计量的内容发生改变，并非指传统的名义货币，而是指网银、支付宝、信用卡等电子货币。法律制度的不健全、相关法规的不完善等因素会影响会计信息质量要求的真实性、可靠性，增加企业发生财务会计管理风险的可能性。

2. 经济环境

在经济萧条时，往往会出现人民币贬值、通货膨胀、企业经营成本上升、利润减少、股市低迷、企业市值下降等现象和问题，这些都会加大上市企业筹资及经营的风险。由于我国证券市场和金融体系尚不完善，没有达到上市融资条件的企业通过证券市场融资将更加困难，更加容易提升这些企业的财务会计管理风险。一些电子商务企业已经上市，而多数小型电子商务企业达不到上市融资的条件。无论什么形态的电子商务企业，都会受到国家对电子商务行业的经济政策、监督管理的影响和制约。如果遇到特殊时期，也易发生财务会计管理风险。

3. 市场竞争环境

（1）同业竞争者

近年来，电子商务行业除了传统节日外，出现越来越多的各种各样的电商节日进行促销。电商大战频频发生是电子商务行业同业竞争者之间竞争激烈程度的一个缩影。

（2）供应商

供应商作为电子商务企业的合作伙伴，需要进行谨慎选择。良好供应商的支持，能帮助电子商务企业降低成本，在价格战中取得优势。若供应商产品质量、数量等无法得到保障，顾客满意度和忠诚度下降，则可能会给企业造成损失。有些垂直电子商务平台为吸引供应商，实施补贴措施，出现套补贴现象，最终使电子商务企业资金链断裂。

（3）新进入者

电子商务行业的壁垒并不高，无论是传统企业向电子商务转型，还是跨行业进入该市场领域，只要拥有充足的资金，新进入者就能逐步打破品牌影响力、技术、人才等壁垒，参与到电子商务行业的竞争中来进行激烈角逐。

（二）内部因素

1. 投资决策失误

投资决策准确与否决定企业筹集到的资金能否得到有效利用，达到收益最大化。投资决策准确则能使企业获得大额的收益，进而改善企业财务状况，使企业积累资本，扩充实力；投资决策失误则可能致使企业陷入财务会计管理风险。投资方因不了解被投资方真实全面的信息而进行投资，或者投资方式选择不恰当，可能达不到预期收益甚至是给企业带来毁灭性的灾难。所以，使企业财务成果颇丰还是使其陷入困境，在一定程度上取决于投资决策的准确与否。因而，投资决策失误也是财务会计管理风险产生的重要原因之一。

2. 资本结构不合理

有不少电子商务企业选择迅速扩张占领市场，其共同的特点是需要投入大量的资本，这时资金就是容易产生投资风险的主要因素。风险投资的资金不断注入，给企业带来资本的同时也会稀释所有者的权益，进而使企业创立者失去对企业的控制权，使实际控制权归风险投资者所有。如果遇到企业内部意见不一致的情况，可能使企业错失发展的良机。一些O2O电子商务企业就是如此，如苏宁集团相对于其他电子商务企业在负债融资方面具有优势，容易使企业因借入过多资金而需要定期偿付本息的压力增大，财务会计管理风险也随之增加。而中小型电子商务企业融资普遍困难，依靠自有资金发展，虽然没有过大的债务压力，风险系数降低，但是缺乏资金的企业是很难做大做强的，它们随时可能面临被淘汰或被吞并的风险，因而企业需要拓展其融资渠道及规模。

第三节　电子商务企业与传统企业财务会计管理的风险比较

一、电子商务企业与传统企业的区别

（一）不受时间及地域限制

电子商务企业与供应商、消费者等人员的所有交易都在互联网上完成，无论什么时间、什么地点进入互联网都可以进行交易，这样不仅节省了工作的时间，同时也提高了企业的工作效率。与此同时，在经济全球化的背景下，电子商务企业的跨地域经营有利于开拓国际市场，扩大企业的经营范围。

（二）轻资产，注重融资

电子商务企业通过互联网进行商品交易，多数为轻资产运营模式，融资成为电子商务企业较为注重的问题。电子商务企业产品更新换代快，需要不断投入大量的资金进行研发以及更新。同时，电子商务平台的促销活动等让价格战愈演愈烈，使企业销售费用持续走高。因此，电子商务企业的经营需要大量的资金支持。但由于电子商务企业轻资产的运营模式和互联网的虚拟性以及收益的不稳定性使其融资出现困难。

（三）财务活动有所不同

电子商务企业所处的内外部环境、业务流程等与传统企业不同，财务活动也因此发生了变化。传统企业侧重于对原材料、劳动力等的管理，而电子商务企业侧重于技术、创新等。电子商务企业的交易单据在线生成、实时共享，企业通过实时数据可以对财务管理部门和组织结构进行调整，极大地提高了企业财务会计管理的灵活性。

二、电子商务企业与传统企业的财务会计管理风险比较

（一）风险覆盖范围不同

传统企业由于其商业模式与电子商务企业不同，其财务会计管理风险仅需关注企业内部的运营活动，而电子商务企业根据其独特的行业特性，产业链中有很多不可控因素，并非所有环节都能掌握。例如，对货物的及时发出等无法实施控制。所以，电子商务企业的财务会计管理风险囊括了产业链的全部范围。

（二）关键风险点不同

电子商务企业因为其资本结构、发展战略与传统企业不同，其所面临的风险也就不同。传统企业的财务会计管理风险关键点主要集中于企业内部，包括生产制造、运营投资管理、销售等方面。而电子商务企业的财务会计管理风险则集中于无形资产的投入、信息技术的研发、筹资等方面。

（三）财务会计管理风险成因不同

与传统企业相比，电子商务企业在经营方向、组织结构、资本结构等方面存在着差异，因此造成财务会计管理风险的因素错综复杂。不同的因素对企业造成的财务会计管理风险影响不同，并且不同行业的经济环境、商业模式也不尽相同，因此外部的影响对财务会计管理风险的分析而言也是十分重要的。

第四节 电子商务企业财务会计管理的风险管理体系构建

一、风险管理

（一）风险管理的定义

所谓风险，就是生产目的与劳动成果之间的一种不确定性，具有客观性、必然性、普遍性、可识别性、可控性等特点。广义的风险强调了收益的不确定性，说明风险产生的结果可能带来损失、获利或者是无损失也无获利；狭义的风险则强调成本或代价的不确定性，说明风险只能表现出损失，没有从风险中获利的可能性。

风险管理顾名思义是对风险的管理，它是一种过程，是指在项目或者企业等一个肯定有风险的环境里识别和度量风险，选择、拟定并实施风险处理方案，把风险可能造成的不良影响降至最低的一种有组织的手段。风险管理对现代企业而言十分重要，良好的风险管理有利于企业做出正确的决策，保护企业资产的完整性和安全性，最终更有利于企业目标的实现。

（二）风险管理的要素

1. 风险管理的四要素

风险管理四要素是指风险管理流程的四部分：规划、评估、处理和监控。这四要素从初始规划之后相互依赖最终形成良好循环。其中，风险规划是确立有组织的、综合性的风险管理途径的策划过程，并根据策划的结果编制风险管理计划；风险评估是对各个方面的风险进行识别和分析的过程，不仅需要发现潜在的风险点，而且需要对风险的严重程度进行评价；风险处理是指经过风险评估后对重要的风险制定应对策略，目的是将风险控制在可接受的水平上；风险监控是指按事先确定的标准对风险处理的效果进行跟踪评价，并评估现行风险管理方法的可行性，根据实际情况调整风险规划，整体流程形成闭环。

2.《企业风险管理框架》八大要素

随着人们对风险管理的实践不断深入，企业也渐渐认识到对于风险不能从某个项目或某个部门单独考虑，而需要以风险组合的视角贯穿整个企业来看待风险管理。美国反虚假财务报告委员会下属的发起人委员会（COSO）在2004年发布《企业风险管理框架》，为企业的风险管理提供了一个统一全面的应用指南。该框架把风险管理的要素分为八个：内部环境、目标制定、事件识别、风险评估、风险反应、控制活动、信息与沟通、监督。

二、财务会计管理风险

（一）财务会计管理风险的概念

财务会计管理风险是指企业在运营过程中，因为自身财务结构或者融资过程中的操作不合理或者不符合企业当前的需求，致使企业的经营方式发生诸多不利于企业发展的因素，如偿债能力、盈利能力受损。当这一情况发生或者持续时间过长，投资者不看好企业未来的发展趋势，撤出资金，将会使企业未来经营的预期收益下降，其主要反映的是投资者对于企业可能发生的财务损失的不确定性。财务会计管理风险分为系统性风险和非系统性风险，其中非系统性风险指的是由于外部市场的环境因素以及政府宏观调控等因素所造成的影响，其存在是难以消除和避免的。

因此，对于各企业而言，需要着重考虑的是系统性风险，因为其影响了企业的日常经营成果，因此各企业需要通过一系列的措施来降低财务会计管理风险发生的可能性，最终达到对财务会计管理风险实现控制的目的。而对于电子商务企业而言，因为其特殊性，大部分企业还处于初创期或是成长期，当前的国内市场并没有一家企业进入电子商务行业的成熟期，因此电子商务企业财务会计管理风险主要分为初创期的财务会计管理风险和成长期的财务会计管理风险。

（二）财务会计管理风险的界定

在企业实现自主经营后，无论是企业的筹资方式还是今后的经营决策都需要企业的管理层进行讨论、规划与管理，这就加大了企业决策失误发生的可能性。在筹资或者投资决策发生失误后，企业就有可能承担一定的财务会计管理风险。对于电子商务企业而言，因为目前国内各电子商务企业还未迈入成熟期，因此，我们主要研究的是处于初创期和成长期的电子商务企业，可分为以下两种财务会计管理风险。

1. 初创期的财务会计管理风险

初创期的电子商务企业主要面对的是筹资风险。因为需要大量的资金支持，其财务会计管理风险定义为企业在日常经营过程中因引入负债进行价值创造所造成的负面效应。具体来说，就是企业因借入超过自身经营实际需求量的资金，资金最终大量闲置，无法转化为利润，同时企业又承担了清偿这些资金的责任，只能将经营所得资金进行债务偿还，利润大幅降低使企业彻底丧失盈利能力和偿债能力，最终产生筹资风险。初创期的电子商务企业所承担的财务会计管理风险主要由利率风险、汇率风险、购买力风险组成。利率风险是指市场中金融资产价格一直处于不规律的变化之中，如果有幸在利率低的时候购入，将会增加企业的利润，从而提升企业的运营能力。但是如果在某一时刻购入的产品正好属于高利率，将导致企业的筹资成本增长，如果购买量较大，会使企业成本超过企业预算，影响企业的经营成果。汇率风险，顾名思义是由于各国之间的汇率不规则变动，导致进行跨国贸易的企业因为交易发生时的规定金额与真实交付时有所差别，使外汇结算时增加了不确定性，当规定金额的外汇突然增长时，将增加企业的资金负担，从而产生财务会计管理风险。购买力风险是指由于在市场中，各时间段内所使用的币值是在不断变化的，当币值变动，企业筹资所需要的资金数量也会不断变化，其不确定性将给企业的财务会计管理带来一定程度上的风险。

杠杆作用带来电子商务企业初创期财务会计管理风险的原因主要有几个。第一是利息支付的不确定性。当债权人将自身拥有的资金以事先规定好的利息数值借给债务人后，债权人就丧失了自身经营时使用该资金的机会，一旦债权人拥有更好的创造利润价值的机会而缺少这部分资金，它就会给债权人带来一定的不利影响。第二，债权人一旦借出属于自己的资金，就承担了无法收回的风险。而对于借入资金的企业而言，虽然其要承担偿还债务和本金的责任，但是当借入资金能够创造出大于利息以及本金的价值时，其杠杆的运用就是成功的，可以促进企业发展。

2.成长期的财务会计管理风险

电子商务企业一旦进入成长期，其所承担的财务会计管理风险，定义就更为丰富了，其包括企业内部资金运行的投资风险和企业环境等外部因素。与此同时，国家政府在某一时刻所推行的政策，也有可能给企业的经营带来政策风险等，非系统性风险在成长期这一阶段影响较大。由于当前电子商务市场环境变化多样，各电子商务企业也需要结合自身进行经营方式的变革，其主要反映在企业资金的筹集以及运用等方面。经济大环境日趋复杂化，电子商务企业所承担的财务会计管理风险也日益增大，稍有不慎就可能导致原来欣欣向荣的企业在一到两个周期内就步入衰败。因为成长期的电子商务企业要进入一个发展较为完善的阶段，所承担的财务会计管理风险更大，所以重点更加偏向于研究电子商务企业成长期的财务会计管理风险：基于筹资和投资影响下的杠杆理论，通过因子模型测算出业绩较为优秀的电子商务企业，再将这些电子商务企业的杠杆系数量化为一个合理值域，将电子商务企业是否处于合理值域区间作为切入点，将电子商务企业中的成功与失败的例子进行对比，归纳出成长期财务会计管理风险控制成功的电子商务企业其杠杆使用的可取之处，将其整合为建议提供给各电子商务企业参考。

（三）财务会计管理风险的分类

对于财务会计管理风险的分类有多种标准：按资本流动的过程可将财务会计管理风险分为筹资风险、投资风险、营运风险、收益分配风险；按财务会计管理风险的表现层次可将其分为轻微财务会计管理风险、一般财务会计管理风险、重大财务会计管理风险。

在分析研究对象的财务会计管理风险时，主要按照企业生产经营活动中比较重要的偿债能力、营运能力、盈利能力、成长能力和现金流管理能力各项指标分别对应筹资风险、营运风险、投资风险、发展风险和现金流风险对财务会计管理风险进行分类。

筹资风险是指企业因负债经营但没有足够能力偿还债务本金和利息的风险。企业的筹资活动，一方面可以使企业在短时间内获得大量营运资金；另一方面也对企业对资金的利用效率提出了更高的要求。营运风险又可以称为资金回收风险，是指由于资金不足或管理不善给企业的经营带来负面影响造成经济损失的可能性。企业的经营是以资金为基础的，一方面企业需要足够的资金来维持日常的生产经营活动；另一方面企业也需要将产品或账单等尽快变现来维持未来的经营活动或偿还债务。投资风险源于企业的投资活动，若企业的投资不能达到预期的效果则可能会影响企业的收益水平和偿债能力。发展风险是企业的生产和经营能否在未来持续下去并有所发展的不确定性。现金流风险是指企业现金流出与现金流入在时间上不一致所形成的风险，当企业的现金净流量出现问题，可能会导致企业生产经营陷入困境、收益减少。

（四）财务会计管理风险的管理

1. 财务会计管理风险识别

财务会计管理风险识别是指在风险损失发生之前对潜在的财务会计管理风险进行的定性判断，是财务会计管理风险管理程序的基础。其主要识别的是企业生产经营活动中影响财务会计管理风险的具体要素和机理，因此风险识别的方法，信息的收集、汇总和分类都是必要的。

财务会计管理风险识别的方法主要通过定性识别的方法，主要有财务报表分析法、指标分析法、经验分析法、专家意见法、决策树法等。其中，财务报表分析法是以企业相关财务报表资料为依据，采用一定的标准对企业主要财务指标的实际值和标准值进行对比分析而辨别企业的财务会计管理风险；指标分析法一般与财务报表分析法结合使用，是提前设置一个风险临界点，根据企业财务核算资料计算相关财务会计管理风险指标与临界值进行对比分析的识别方法；经验分析法和专家意见法都是通过请教相关领域或行业的专家，请他们凭借自己的专业知识和经验对企业的财务现状和面临的财务会计管理风险做出客观的评价和预测。

2. 财务会计管理风险评估

财务会计管理风险评估又称财务会计管理风险度量，是在风险识别的基础上通过科学的方法对财务会计管理风险的严重程度以及对经营成果的影响进行计量的过程。如何准确地评估财务会计管理风险是提高财务会计管理风险管理效率和效果的关键。

财务会计管理风险评估的一般方法主要有单变量判定模型、多元线性评价模型、综合评价法。单变量判定模型选取单一财务比率来评价企业的财务会计管理风险，虽简单易行，但存在片面性；多元线性评价模型通过建立函数，选取多个财务指标，通过公式最终计算出财务会计管理风险评分；综合评价法将企业财务会计管理风险中的盈利能力、偿债能力、成长能力等按一定比例分配权重计算各项能力的主要指标并进行打分来评价财务会计管理风险的大小。此外，财务会计管理风险的评估也可以通过概率模型或神经网络分析模型来进行，但是这种方法比较复杂,对企业技术要求较高,实际应用范围有限。总的来说,财务会计管理风险的评估其实就是对影响财务会计管理风险的因素进行定量评估,并通过数学模型加以展示的过程。

3. 财务会计管理风险控制

(1) 财务会计管理风险控制的含义

财务会计管理风险控制是指管理人员在企业整体利益和最终目标的引导下,通过对财务或非财务数据和信息的分析,判断出企业自身的财务现状,并识别、评估存在的风险,针对风险的成因、特性等及时采取合适的方法和措施,消除或尽可能减少企业经营管理过程中的不利因素,从而有助于企业健康、稳定地发展和目标的顺利实现。

(2) 财务会计管理风险控制的方法

根据管理人员不同的应对方式,财务会计管理风险的控制方法可分为风险决策、风险预防以及风险处理三种。风险决策方法是指当企业出现财务会计管理风险时,管理人员应当对各种可行的风险控制备选方案进行对比分析,根据企业自身的实际情况选择最合理有效的方案,尽可能减少企业的财务会计管理风险。科学有效的风险决策方法能帮助企业建立良好的财务会计管理风险预警系统,从而使风险因素在产生危害之前就得到有效控制。风险预防方法是企业对风险进行事前预防的方法,通过探索和分析财务会计管理风险的特性和成因,提前预测风险,并对其采取有针对性的措施,进行科学合理的事前控制,主要通过采取回避、降低、分散或转嫁的方法,尽可能减少风险对企业造成的不利影响。

三、财务会计管理风险管理的相关理论

(一) 委托代理理论

委托代理理论是20世纪30年代美国经济学家所提出的,倡导企业的所有权与经营权分离,所有者只保留剩余索取权,将经营权让渡出去,委托专业管理人员代理经营的理论。该理论是伴随着生产力的飞跃和大规模生产的出现而产生的。

一方面,生产力的快速发展促进企业的生产分工逐步细化。不同于简单生产,在这种条件下企业所有者的知识、管理能力和精力很难对企业进行高效的管理,阻碍了企业的进一步发展。

另一方面，伴随着分工的细化和专业化产生了一大批具有专业知识的代理人，他们有能力代理企业的所有者行使管理企业的权利。但是在委托代理理论中也存在着问题：在委托代理关系中，委托人与代理人追求的根本效益不同，委托人追求的是自身企业的财富最大化，而代理人追求的是自己的工资收入和闲暇时间最大化，这在根本上形成了二者利益的冲突。

因此，为了能够更好地维护委托人的利益，需要设立有效的制度安排来约束代理人的行为，即建立有效的内部控制机制。

（二）信息不对称理论

信息不对称理论产生于20世纪70年代，用以说明相关信息在交易双方的不对称分布对于市场交易行为和市场运行效率所产生的一系列重要影响。其基本内容可以概括为，有关交易的信息在交易双方之间的分布是不对称的，一方比另一方占有较多的相关信息；交易双方对于各自在信息占有方面的相关地位都是清楚的。在市场中，卖方比买方更了解有关商品的各种信息，掌握更多信息的一方可以通过向信息贫乏的一方传递可靠信息而在市场中获益，买卖双方中拥有信息较少的一方会努力从另一方获取信息。委托代理关系本质上是市场参加者之间信息差别的一种社会契约形式，占有信息优势的一方称为代理人，而处于信息劣势的相对方称为委托人。

（三）内部控制理论

简单来说，内部控制就是对企业的运行进行管理和控制，是通过对企业员工、管理层以及董事会工作的规范和评价来保证企业生产经营活动目标的实现，使财务报表具有可靠性。可以说，内部控制是企业风险管理的核心，多层次的委托代理关系普遍存在于现代企业之中，企业不仅面临着宏观环境带来的风险，也面临着管理层的财务决策风险，这就需要企业建立科学的体制与机制，有效防范企业的财务控制风险和决策风险。内部控制体系的构建与完善正是基于这一目的。

四、基于大数据的电子商务企业财务会计管理风险管理体系的构建

（一）电子商务企业数据来源分析

电子商务企业的数据来源主要有企业外部数据和企业内部数据，企业内部数据类型主要包括用户数据、流量数据、渠道数据和商家数据等。具体如图5-1所示。

```
                                    ┌── 政府数据
                                    ├── 行业数据
                                    ├── 市场数据
                     ┌── 企业外部数据 ──┼── 合作伙伴数据
                     │                ├── 供应商数据
                     │                ├── 社交数据
                     │                └── 数据公司数据
    电子商务企业数据 ──┤
                     │                ┌── 用户数据
                     │                ├── 流量数据
                     │                ├── 渠道数据
                     │                ├── 商家数据
                     │                ├── 物流数据
                     └── 企业内部数据 ──┼── 金融数据
                                      ├── 内容数据
                                      ├── 商品数据
                                      ├── 财务数据
                                      └── 营销数据
```

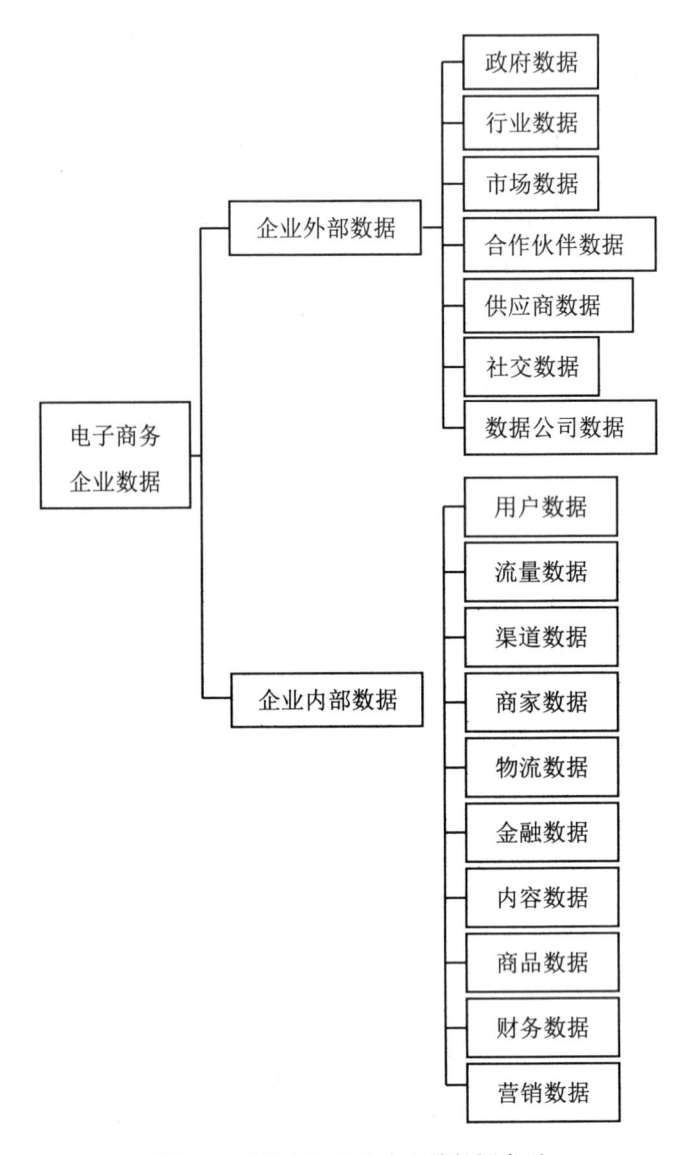

图 5-1　电子商务企业主要的数据类型

　　电子商务平台的用户数据一些来自社交平台的粉丝，一些来自平台自身的用户。其中净增长粉丝数指新增的粉丝量与流失的粉丝量之间的差额。日活跃用户一般对于应用程序而言，是以设备账号为依据，1 天之内，访问该应用程序的不重复用户数，如图 5-2 所示。

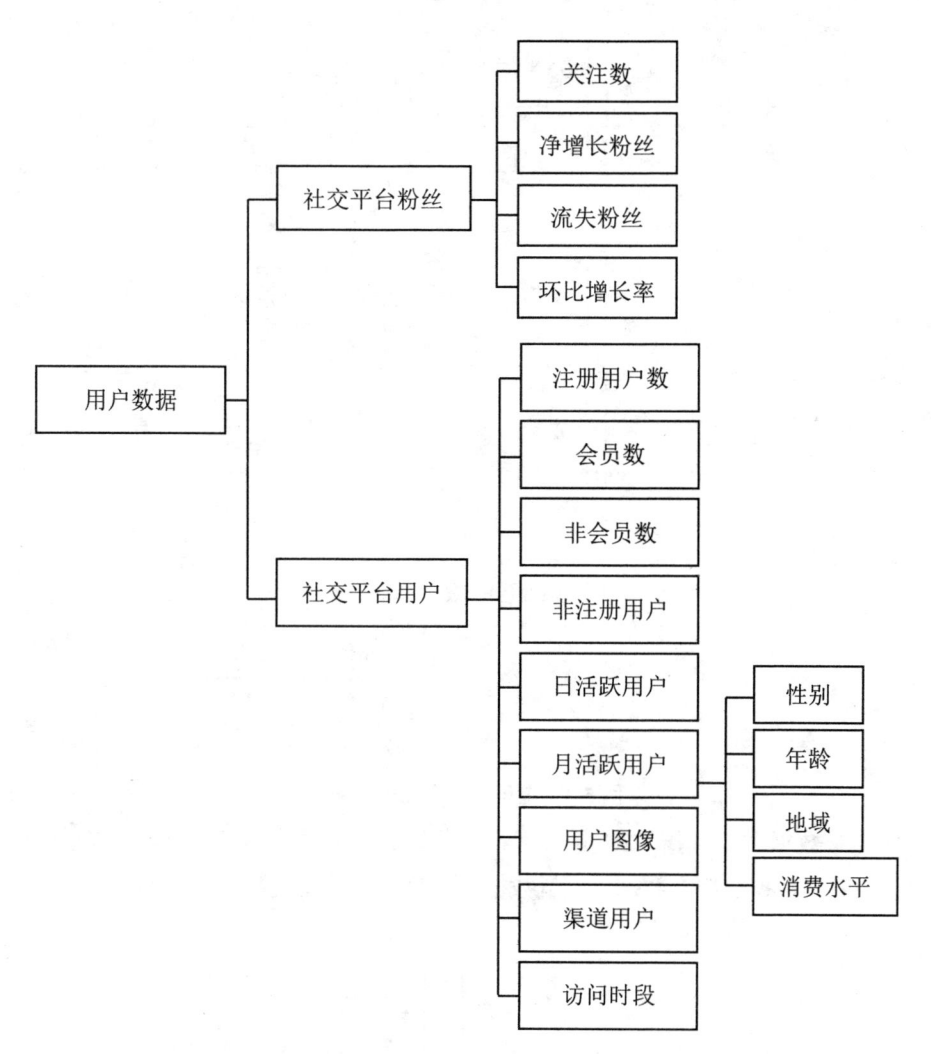

```
                    ┌── 关注数
      ┌─ 社交平台粉丝 ─┤── 净增长粉丝
      │             ├── 流失粉丝
      │             └── 环比增长率
      │
用户数据┤             ┌── 注册用户数
      │             ├── 会员数
      │             ├── 非会员数
      │             ├── 非注册用户
      └─ 社交平台用户 ┤── 日活跃用户 ┐
                    ├── 月活跃用户 ├── 性别
                    ├── 用户图像  ├── 年龄
                    ├── 渠道用户  ├── 地域
                    └── 访问时段  └── 消费水平
```

图 5-2　电子商务平台用户数据

电子商务企业渠道数据主要包括广告投放数据、渠道分布数据、渠道基础数据和渠道转化数据等。其中渠道基础数据主要包括点击量、导入访问次数和平均访问时长等。渠道转化数据主要包括订单、付款笔数，订单、付款金额，订单转化率，即从渠道导入的用户付款订单数与下单数的比率。如图 5-3 所示。

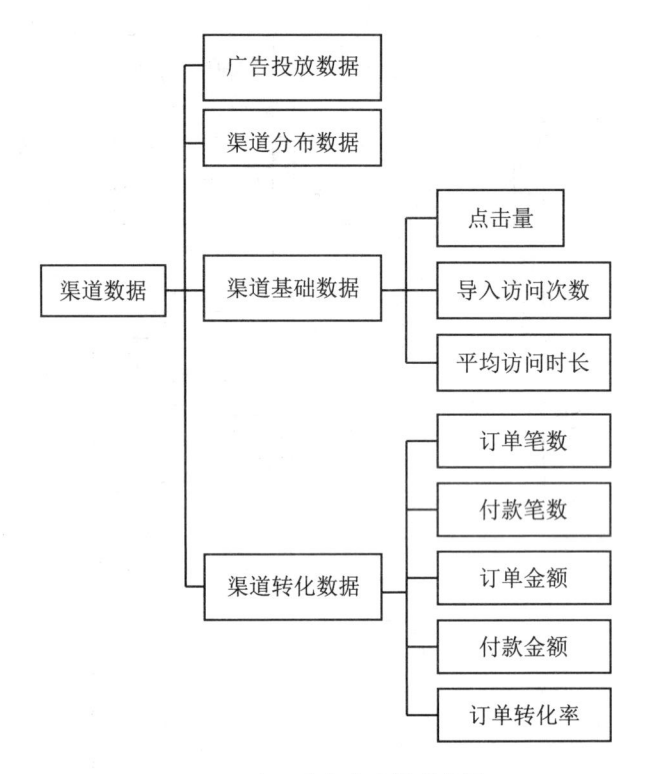

```
渠道数据 ─┬─ 广告投放数据
         ├─ 渠道分布数据
         ├─ 渠道基础数据 ─┬─ 点击量
         │              ├─ 导入访问次数
         │              └─ 平均访问时长
         └─ 渠道转化数据 ─┬─ 订单笔数
                        ├─ 付款笔数
                        ├─ 订单金额
                        ├─ 付款金额
                        └─ 订单转化率
```

图 5-3 电子商务企业渠道数据

商家数据主要是指 C2C 电子商务平台的卖家数据。商家数据又可分为交易数据、商品数据、用户数据、流量数据、营收数据及物流数据等，如图 5-4 所示。

```
商家数据 ─┬─ 交易数据
         ├─ 商品数据
         ├─ 用户数据
         ├─ 流量数据
         ├─ 营收数据
         └─ 物流数据
```

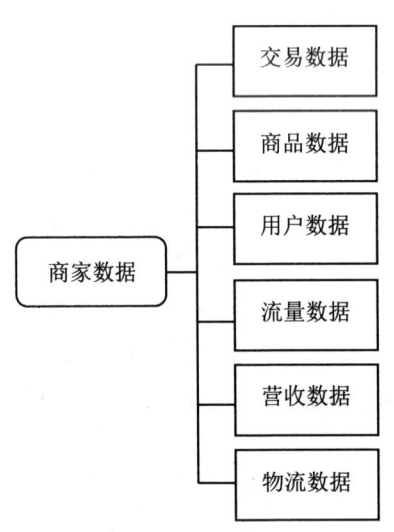

图 5-4 C2C 电子商务平台商家数据

第五章 企业财务会计管理的风险

交易数据主要包括订单数据、计算数据和支付数据。电子商务企业为了方便统计订单数据，引入订单金额分布概念，即订单金额在多个区间范围内的分布情况。其中支付方式指用户在商家支付的方式总和（如支付宝支付、微信支付、信用卡支付等）。如图 5-5 所示。

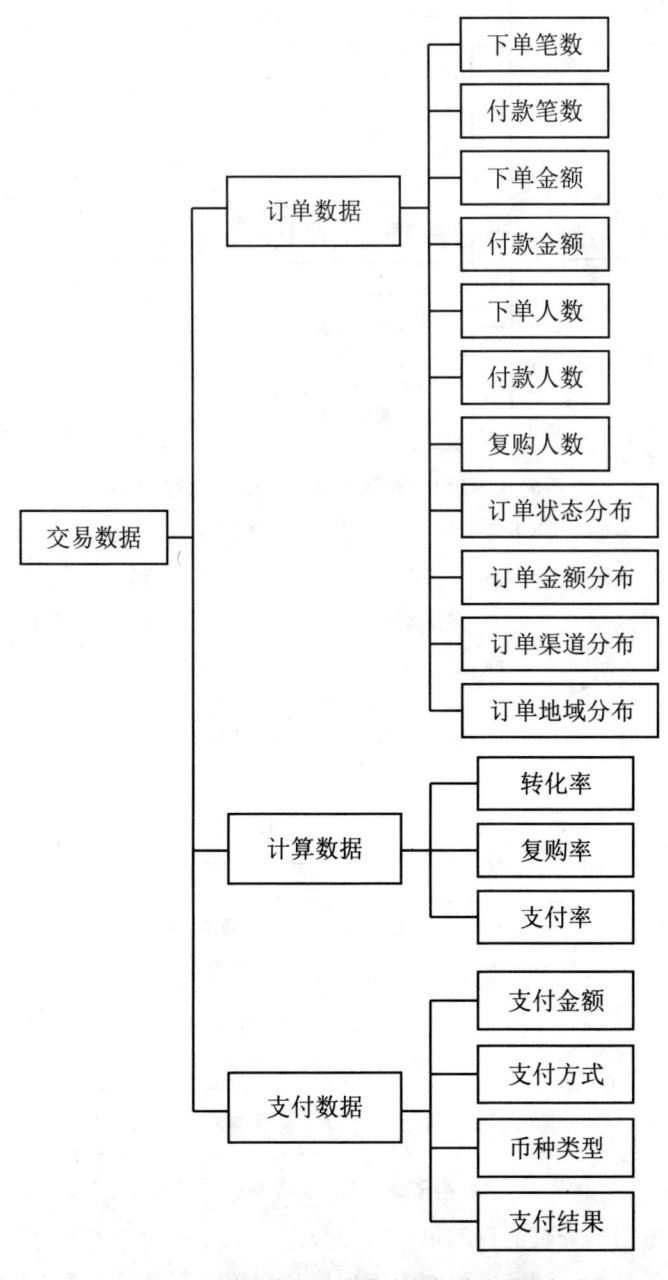

交易数据
- 订单数据
  - 下单笔数
  - 付款笔数
  - 下单金额
  - 付款金额
  - 下单人数
  - 付款人数
  - 复购人数
  - 订单状态分布
  - 订单金额分布
  - 订单渠道分布
  - 订单地域分布
- 计算数据
  - 转化率
  - 复购率
  - 支付率
- 支付数据
  - 支付金额
  - 支付方式
  - 币种类型
  - 支付结果

图 5-5　C2C 电子商务平台商家数据（交易数据）

商品数据如图5-6所示。

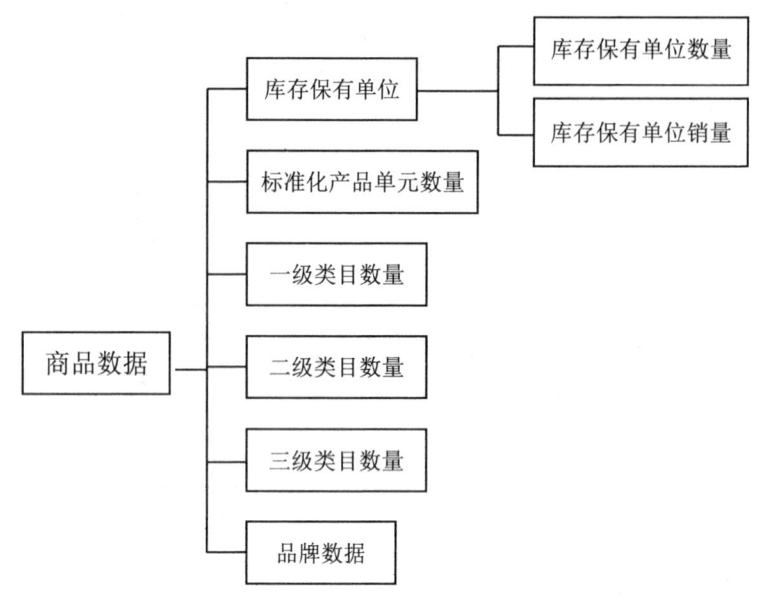

图5-6 C2C电子商务平台商家数据（商品数据）

用户数据主要包括下单用户、付款用户、客户留存率、店铺收藏用户数等。其中在某段时间内访问商家，经过一段时间后，仍然访问商家店铺的用户，被认作留存用户。留存率则是该部分用户在此前的某段时间内访问商家的用户数占比。如图5-7所示。

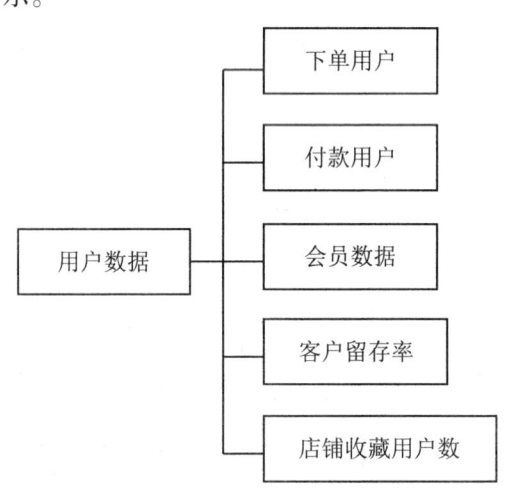

图5-7 C2C电子商务平台商家数据（用户数据）

流量数据指商家页面访问量的相关数据，主要包括访客数、浏览量、浏览次数、浏览时长等。浏览次数中，用户从开始访问商家到最终离开商家计为一次访问。若用户连续 30 分钟没有访问新页面和刷新页面,或者用户直接退出(如关闭浏览器等),则定义为本次访问结束。如图 5-8 所示。

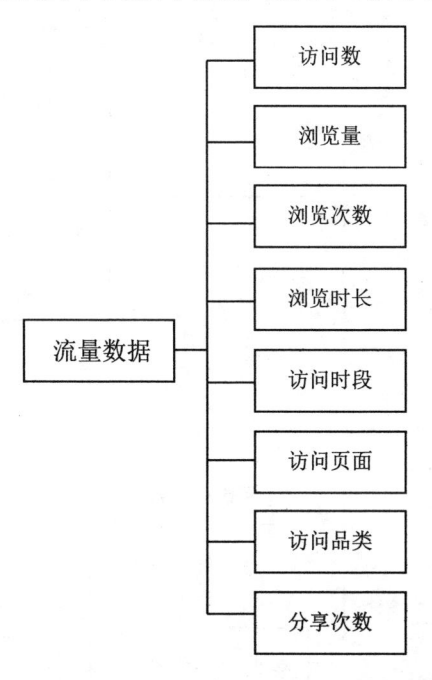

流量数据
- 访问数
- 浏览量
- 浏览次数
- 浏览时长
- 访问时段
- 访问页面
- 访问品类
- 分享次数

图 5-8　C2C 电子商务平台商家数据(流量数据)

营收数据主要由总营业额、待结算金额、待退款金额、已退款金额、已到账金额和退款率组成。因为有些电子商务平台会将资金控制在平台内,等待结算后才到账,所以引入待结算金额表示商家等待结算的金额。退款率是指商家收到退款的订单笔数与同期成功交易的订单笔数的比率。如图 5-9 所示。

营收数据
- 总营业额
- 待结算金额
- 待退款金额
- 已退款金额
- 已到账金额
- 退款率

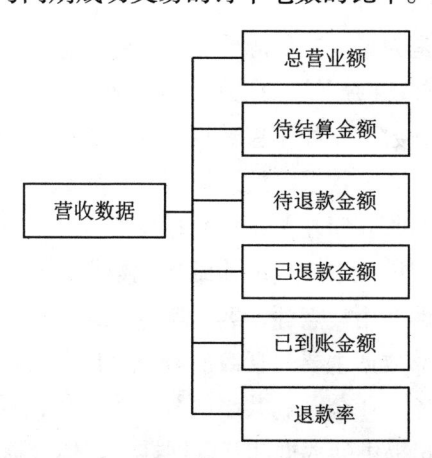

图 5-9　C2C 电子商务平台商家数据(营收数据)

物流数据主要包括发货数据、包裹状态统计和签收时长统计。如图 5-10 所示。

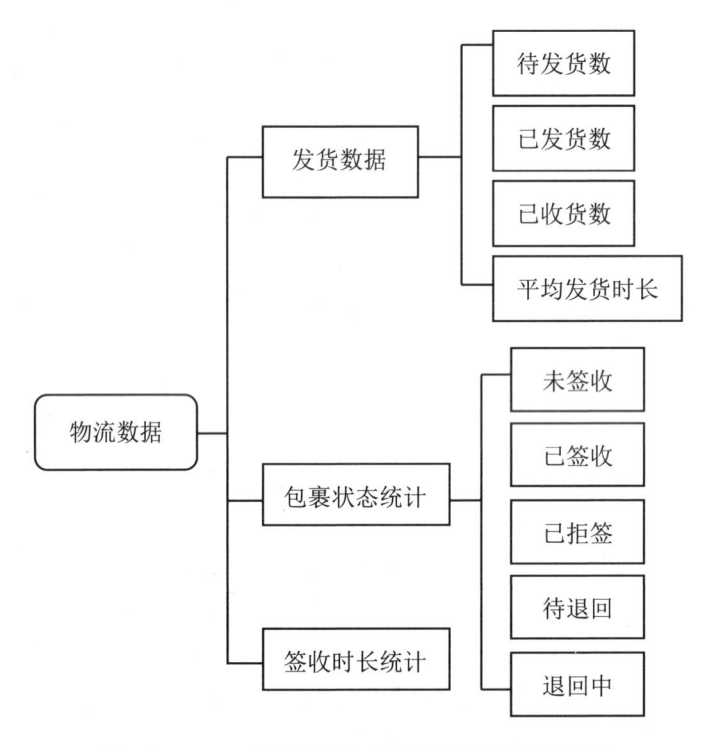

图 5-10　C2C 电子商务平台商家数据（物流数据）

（二）构建企业大数据分析平台

1. 数据产生层

数据产生层主要是为平台提供源数据，主要包括企业内部数据和企业外部数据。企业内部数据包括内部结构化数据、非结构化数据。企业内部结构化数据主要包括日常的业务数据，如零售数据、商品数据、交易数据、库存数据、财务数据、物流数据、商家数据、渠道数据、广告数据、人力资源数据及微博营销和微信营销数据等，存储在关系型数据库中。企业内部非结构化数据主要包括企业日常业务处理过程中产生的非结构化数据，存储形式多样，主要有用户访问日志、用户投诉、用户点评、客户服务记录、会议纪要、相关文件及音视频内容等。企业外部数据主要包括政府有关部门公开的数据、政府监管部门公开的数据、电子商务行业公开和共享的数据、合作伙伴提供的业务数据、数据运营企业及咨询公司提供的数据和互联网社交媒体数据等。

2. 数据交换层

数据传输组件本质是通过分析数据存储结构和数据存储库的特点来有针对性地设计工具，是根据数据源存储的不同类别而设计的，用以追求卓越的性能。

数据交换层的设计目标主要有以下几个方面：①保证数据在平台内不低效；②保证数据在交换过程中不丢失；③保证数据在交换过程中不失真；④保证数据在交换过程中不外泄。

3. 数据计算与存储层

数据计算与存储层主要是根据专业主题数据及预警模型要求，清洗、计算和预处理数据，并根据数据访问需求从数据用途、数据模型保留周期、用户访问模式、工作负载等方面规划各区数据的存储模式。

4. 数据应用层

数据应用层主要是基于企业全域数据资源为各类用户提供实时数据查询、历史数据查询、财务分析、经营分析、信用分析、债务分析、风险预警、投资分析、项目分析和业务沙盘演练等功能。

第六章 企业财务会计管理的战略实施

我国的社会现代化建设进程不断推进,电子商务企业对财务会计管理战略实践方面越来越重视。为了增强企业的核心竞争力,有必要在价值创造的视角下,制定切实可行的电子商务企业财务会计管理战略方案,并落实到实践中,加强企业财务会计管理和战略决策之间的紧密关系。本章分为电子商务企业财务会计管理战略的内容剖析、电子商务企业财务会计管理战略的实施两部分。本章主要内容包括财务会计管理战略的特征与分类、财务会计管理战略的理论基础、财务会计管理战略的影响因素等。

第一节 电子商务企业财务会计管理战略的内容剖析

一、财务会计管理战略的特征与分类

财务会计管理战略是指企业在一定时间内,结合众多因素,以不断提升企业竞争力,谋求更加高效的发展,针对一定时期内企业财务会计管理制订出的计划。正因为是未来一定时期内的整体计划,其影响因素也很多,如企业产品、企业服务、市场大环境等。如何使财务会计管理战略在未来一定时期内能发挥作用,这就需要企业根据实际情况,不断修正企业的发展方向和策略,以确保财务会计管理战略适应企业自身的变化和外部环境的变化,使企业保持良好的可持续发展势头,为企业健康发展打下坚实的基础。

(一)财务会计管理战略的特征

1. 独特性

财务会计管理战略由于其地位的重要性以及自身的独特性,在企业战略体系中是比较独特的存在,不易受到企业其他因素的影响。企业在发展过程中涉及的战略有很多,职能战略和财务会计管理战略对企业发展有着非常重要的影

响。财务会计管理战略的独特性主要体现在以下两点：一是在市场经济的前提下，财务会计管理在企业中的地位一般较高；二是财务活动对企业的控制能力远远大于其他职能效力，优质的财务会计管理可以更好地推动企业的发展。

2. 全面性

财务会计管理战略的全面性主要表现为，财务会计管理战略是对企业各方面财务活动和资金运营的全局性谋划。投资战略、融资战略和分配战略作为财务会计管理战略的重要组成部分和企业财务活动的主要内容，贯穿于企业经营活动的始终，涉及企业财务活动的各个方面。企业战略的实现和企业竞争能力的提升需要企业财务会计管理战略与企业战略相匹配，与企业总体战略目标相适应。

3. 从属性

虽然财务会计管理战略在企业职能中的地位较高，但其毕竟不是完全独立存在的，它仍然隶属于企业的职能范畴。财务会计管理战略必须为企业发展考虑，必须贴合企业发展的实际，顺应企业发展的主流方向。

3. 收益与风险并存性

财务会计管理战略应用对象有特殊性。财务会计管理战略的本质就是按照相应的规划，对企业内部流动资金的使用情况进行科学合理的设计和安排，提高企业资金的利用效率。收益与风险永远是并存的，财务会计管理战略就是需要解决这种矛盾关系，或者说平衡这种矛盾关系，尽可能地将利益最大化，风险最小化。

4. 相对动态性

财务会计管理战略具有战略的特性，因此需要企业以长远的视角来看待其财务问题，要求企业对其所处的市场环境和企业内部环境进行信息收集处理，从而制定出科学的战略。但是企业的内外部环境并不是一成不变的，而是随着时间的推移不断变化的。市场环境瞬息万变，企业内部的财务环境也在发生着改变，这就使企业财务会计管理战略同样具有动态性。一成不变的财务会计管理战略无法适应变幻多端的环境，只有不断对企业的财务会计管理战略进行适时的调整，使之与各种环境因素相协调，才能保证企业财务会计管理战略与时俱进，因时制宜。企业财务会计管理战略的时间弹性使其具有了动态性特点。

5. 全员行动性

财务会计管理战略应用的范围是整个企业的所有员工，财务会计管理战略是由企业最高层领导确定的，自上而下贯彻实施。从实施过程来看，财务会计管理战略又不能独立在外，需要其他职能部门相配合。所以财务会计管理制度要从企业实际经营情况出发，由管理层制定，各职能部门相互配合，全员都必须参与其中，这样才能发挥最大的效用。

（二）财务会计管理战略的分类

按照不同的划分标准，企业财务会计管理战略有不同的分类。

1. 根据财务活动内容的不同分类

（1）融资战略

融资战略涉及企业资金来源的问题，是企业投资战略能否顺利开展的重要因素。融资战略就是指以企业发展战略为指引，为满足投资战略和经营战略对资金的需求，以长远利益为目标，从资金筹措的目标、规模、结构、渠道和方式等方面，进行长期和系统的谋划。在企业融资战略的选择和制定过程中，应当具体从以下几个方面考虑，即企业为何融资、从何处融资、何时融资、以何种方式融资、融资金额是多少、融资成本是多少等。融资战略的选择要以合理的预算和分析为基础，才能够保证以上几个问题得到顺利解决。

（2）投资战略

投资战略是财务会计管理战略最核心的组成部分。简单而言，投资战略就是以企业战略为指导，为满足企业经营发展需求而做出的一系列投资决策。投资战略具体可以分为投资目标、投资方向、投资规模、投资组合、投资回报率以及投资过程中的风险管理等。投资战略作为企业的重点发展战略，在企业各个阶段，特别是在企业的成长期和成熟期，起着至关重要的作用，是企业经营战略最直接的体现。

（3）分配战略

分配战略是企业一系列财务活动必然产生的结果，是企业投资活动与融资活动的延续。股利决策包括支付给股东的现金股利占利润的百分比、绝对股利变动趋势的稳定性、股票股利、股票分割、股票回购等。企业的留存收益与企业的分配战略息息相关，而留存收益作为企业内源融资的重要来源，更关系着企业的融资战略。企业在制定和选择分配战略时，必须兼顾企业自身发展需要以及股东财富最大化的原则。促进企业长期健康发展、保障企业股东合理权益、稳定企业股价是分配战略的主要目标。

2. 根据企业发展阶段和企业生命周期的不同分类

（1）扩张型财务会计管理战略

扩张型财务会计管理战略以实现企业资产规模的快速扩张为目的。扩张型财务会计管理战略需要大量的资金支撑企业的快速发展和扩张。实施此种财务会计管理战略，企业需要将大部分利润留存，并大量地利用外源融资途径获取资金，更多地利用负债，灵活地使用财务杠杆效应。"高负债、高收益、少分配"是扩张型财务会计管理战略的主要特征。

（2）稳健型财务会计管理战略

稳健型财务会计管理战略的主要目的就是保证企业平稳有序发展，在保证企业财务能力稳定增强的同时，实现资产规模的平稳扩张。实施稳健型财务会计管理战略的首要任务就是要求企业进一步将现有资源进行优化配置，提高企业各种资源的有效使用效率，保证资金运营平稳，以利润积累作为资金的主要来源，实现企业资产规模的扩张。稳健型财务会计管理战略要求企业保持适度负债、适度分配，降低企业融资风险。因此，该类型的企业并不会过度依赖于负债融资，而是更多地倾向于内源融资。

（3）防御收缩型财务会计管理战略

防御收缩型财务会计管理战略要求企业防止出现新的财务危机，在积极防守的同时寻求机会，以谋求新一轮的发展。实施防御收缩型财务会计管理战略的首要任务是保证企业现金流出减少，同时进一步增加企业的现金流入，精简企业组织结构，推进盘活企业资产存量，降低经营成本，集中企业资源优势，将企业主要资源投入企业主导业务，以增强企业主导业务的市场竞争能力。

二、财务会计管理战略的理论基础

（一）战略管理理论

战略管理理论在20世纪起源于美国，其研究彰显出对企业实际经营过程产生的重要影响。战略管理是企业经营者在企业的实际发展过程中，结合各方面因素，放眼全局，确定企业中长期的发展目标，预先进行的战略部署。战略管理需要企业在其生产经营的每一个环节都制定相应的发展策略和目标，各个策略目标有机完整地结合，形成战略管理的四个要素，这样才能提升企业的生存能力，使企业在竞争激烈的市场中立足。战略管理的四大要素如下。

1. 产品及其市场范围

产品及其市场范围指的是，企业根据市场需求变化、发展，经过充分的市场调查、市场评估，寻找确定的目标客户群体，针对客户群体需求和市场实际状况，开发适合企业发展的产品类型，以保障企业在高速发展的社会背景下仍可以占有一定的市场份额，并保持健康持续发展。

2. 增长向量

广义上的增长向量一般包含量的增长和方向的增长两个层面，是指企业在发展成长过程中壮大的方向与成长的速度，是选择抓住机遇稳步前进，还是得到机会快速扩充。

3. 竞争优势

产品是企业面向市场、面向消费者最直接的形象，企业必须根据自身的产品特点，了解同行业竞争对手目前的产品状况，对自身与竞争对手进行产品差异比较，不断地将自身产品完善、升级、优化，以产品质量实实在在地提升企业自身的核心竞争力。

4. 协同作用

协同作用指的是，企业在实际运营过程中要结合企业甚至产业各个方面的协同发展，增加协同效应，合理配置资源，最大化地提高资源利用效率。

（二）控制理论

控制理论研究的是不同的企业资本结构、企业控制权的情况，也反映出企业高层管理者对企业控制权的重视程度。企业可以通过优化、整合，甚至洗牌的方式对企业的股权结构进行改善，从而改变控制权的分布情况和集中特点。在筹集资金或者企业分红时，优先考虑的是具有较高股权的控制者，当企业需要集资时，一般不会使企业的控制权发生大的变化，这样才有利于企业的发展。

（三）生命周期理论

根据企业生命周期阶段的不同，企业的管理思想和战略也要根据企业的内外部环境，以及企业生命周期特点不断变化，寻找适应阶段性特征的发展路线和战略，才能使企业竞争能力得到提升，始终立于不败之地。

初创期与成长期的企业需要发展，投资方向和投资规模较大，对企业融资能力要求高，对现金需求量巨大，大规模举债经营一般是初创期企业的共同选择，高负债必然带来相应的高财务风险。股利分配战略则以非现金股利方式为主。这两个阶段企业的财务会计管理战略一般选择扩张型财务会计管理战略。

成熟期的企业经营已形成规模，资金需求量减少，财务风险降低，此时，企业多采取稳健型财务会计管理战略。

衰退期的企业对于现金的需求不断减少，财务风险低，企业多以防御型财务会计管理战略为主。

（四）可持续增长理论

企业做大做强不仅是短期的任务，也是企业长远发展的要求。成为生命力顽强、存续时间长久的百年企业是企业的发展目标，所以可持续增长对于企业而言至关重要，必不可少。可持续增长不仅意味着企业要不断增加利润和提升盈利能力，还要求企业实现价值的创造。但是为追求增长速度，忽略企业需要充足的财务资源支撑，虽然能够使企业价值在短时间内得到增长，但是无法避免地要面对企业长期经营发展需求带来的压力。增长速度过慢则会使企业面临被淘汰的风险。这就要求企业的经营管理者充分重视企业的财务资源，多渠道、多方式进行资金的筹措，以自身发展需求为出发点，保证企业稳步发展，做到循序渐进，不断壮大，最终实现企业的可持续增长。

三、财务会计管理战略的影响因素

（一）内部因素

影响企业财务会计管理战略的内部因素包括企业自身内部发展现状存在的问题和内部组织结构等。首先，企业根据自身条件对其优势和劣势进行综合判断，是企业财务会计管理战略的制定基础；其次，企业内部组织结构决定企业目标的建立、决策和资源配置，在原战略的指导下，企业行为发生改变，企业内部组织结构也会随之做出相应的调整，在此基础上再实施新的财务会计管理战略，从而达到企业价值最大化的目标；最后，对于企业而言，与其他企业之间的竞争从狭义上来讲是构建企业的核心竞争力，影响企业财务会计管理战略的关键因素之一便是核心竞争力的构建，因为财务会计管理战略的制定最根本的一方面就是进行核心竞争力的构建，从而达成对盈利模式的驱动效果。

（二）外部因素

企业在制定财务会计管理战略时受多重因素的影响，不仅受企业内部条件的影响，还受外部环境变化的影响。外部的主要影响因素主要包括四个方面。

首先，经济环境的变化。经济环境不仅是影响企业生产经营活动最直接的外部因素，企业赖以生存和发展的环境，而且是企业进行投资、筹资活动所必须依赖和参考的重要外部条件。企业只有对经济环境的变化做出精确快速的反应才不会被市场所淘汰。

其次，政治因素。在企业正常开展经营活动期间，经营、税收、员工健康、安全等各方面都会涉及法律的限制和约束。

再次，社会因素。企业依赖市场而生存，市场由消费者起主导作用，社会的道德风尚、文化传统、人口变动趋势、文化教育、价值观念、社会结构等方面都会影响消费者的消费习惯和喜好，进而影响市场的消费取向，对企业财务会计管理战略的制定造成影响。

最后，技术因素。每一次的技术突破对整个社会都具有颠覆性的改变。对企业而言，新技术的出现在很大程度上会对其投资造成巨大的影响。

企业在制定财务会计管理战略时主要受以上四个方面的影响。

四、电子商务企业财务会计管理战略

电子商务企业财务会计管理战略指电子商务企业为了谋求长远发展，根据企业总体战略要求和资金运动规律，在分析其内外环境因素的变化趋势及其对财务活动影响的基础上，对企业资金流动所做的全局性、长远性、系统性和决定性的谋划。

（一）电子商务企业筹资战略

电子商务企业筹资和传统企业筹资不同，不是单纯地进行企业资金的筹集和应用。电子商务企业资本包括物质资本和知识资本，因此，既要筹资又要筹知。电子商务企业的筹资方式有：风险资本、商业银行、投资公司、共同基金等机构的资金供给，政府金融手段的供给，股票市场资金出口的供给等。从纯粹供给的角度上看，电子商务企业可取得的资本主要包括两种：股权性质的资本和债权性质的资本。

股权融资是指企业的股东让出部分企业所有权，通过企业增资的方式引进新的股东的融资方式。股权融资所获得的资金，企业无须还本付息，但新股东将与老股东同样分享企业的赢利。电子商务企业的股权融资渠道主要包括核心资本、天使资本、风险资金及创业板市场（二板市场）。股权筹资包括多种形式，主要有所有者的股权、普通股和认股权证。许多电子商务企业都是先由一个或几个人提供启动资金从事较小业务，然后将企业所获得的利润用于再投资，逐步促进企业的发展，扩大企业的规模。这些企业所有者带来的资金，就是所谓的所有者股权，它为企业业务的增长以及最终的成功奠定了基础。对公开上市的企业而言，筹集股本的传统方法是以一个市场愿意接受的价格来发行普通股。普通股是一种简单的证券，也相对容易理解和估价。新上市企业股票的发行价格一般由发行机构估算而确定，已上市企业股票的发行价格则以当前市场的价格为基础。近几年，一些企业开始将目光投向普通股以外的股权融资手段，

如认股权证、风险资本。认股权证是由企业发行的一种证券，赋予持有人在有效期内以固定的价格购买企业股票的权利。风险资本通常是由一个或几个投资者为企业提供股本资本，同时取得企业的部分所有权。

债权融资是指企业通过借钱的方式进行融资，债权融资所获得的资金，企业首先要承担资金的利息，另外在借款到期后要向债权人偿还资金的本金。债权性质的资本主要包括银行和非银行金融机构资本的金融供给。债务的主要种类有银行借款和债券。一般借款的最初来源是商业银行，它们根据借款人的风险程度对其所借款项进行计息。对于公开上市的大企业而言，银行借款以外的债务融资手段可以是发行各种债券。发行债券可以使众多的金融市场投资者分摊融资风险。

资本成本是企业选择筹资方式的根本因素。股权筹资的主要资本成本是目前的股息支付和投资者的未来股息增长。债务筹资的主要资本成本是必须在预定的期限内支付利息，而且到期必须偿还本金。债权筹资与股权筹资之间的区别表面上看来是这它们采取的形式不同，但本质上却是两种筹资方式的现金流量索取权的性质不同。债务索取权的持有人有权获得合同规定的现金流量，而股权索取权的持有人通常要在其他承诺的索取权得到满足后才有权获得余下的现金流量。

风险资本是一种以私募方式募集资金，以公司等组织形式设立，投资于未上市的新兴中小企业的一种承担高风险、谋求高回报的资本形态。我国电子商务企业运用风险资本融资的好处主要有：①运用风险资本融资不会给企业带来债务负担；②风险资本为了分散风险，不会集中投资某一家企业，它们在所投资企业一般只占有10%左右的股权，因此，企业在运用风险资本融资时不用担心会失去控制权；③对于没有能力提供抵押的中小企业或是新兴的高科技企业，风险资本融资对它们更有利，因为风险资本融资的主要依据是对企业前景的预期，并不需要企业资产做担保，也不需要提供抵押；④风险资本可以帮助企业在财务会计管理、商业发展等很多方面获得相关的服务，并帮助企业上市。另外，风险资本对于企业来说具有广告效应，因为有风险资本投资说明企业的发展前景良好。

我国的电子商务企业一般是高科技型和高成长型的企业，它们的发展前景良好，增长势头强劲，这使它们更容易获得风险投资。但是，由于国内的风险投资机制不够完善，我国的风险投资十分缺乏，因此，我国电子商务企业获得的风险资本大多来自国外，它们从国外的风险投资公司获得大量资金。为我国电子商务企业提供风险投资的外国风险资本主要有两类。一类是按照正常的投资程序进行投资的资本。其会首先确定企业的投资价值，然后在适当的时机引入大规模的资金，最后帮助企业实现上市，在获得高回报后撤出资金。另一类是将我国的电子商务企业作为资本退出的手段。这类资本已经在国外的同行业投资了某家公司，在企业准备上市时，将我国的电子商务企业作为上市前的筹资条件或是上市后的资金运作方向，从而完成了第二次筹资。

我国电子商务企业采用股权筹资通常分两步，在企业创立的初期阶段通过运用风险投资实现企业的起飞后，在股票市场上市实现长期的筹资目的。上市后的电子商务企业一般会通过发行股票来募集资金。但是，对于我国的电子商务企业而言，目前国内主板市场对上市企业的要求过高，而二板市场又没有建立，因此，我国电子商务企业很多是通过境外创业板上市的。根据已经上市的电子商务企业的融资金额来看，在海外二板市场上市后，募集的资金数量会相对较大，一般在数千万美元到几亿美元之间，相当于几亿人民币到数十亿人民币，在国内的金融市场上来说，这样的资金规模是十分巨大的。

（二）电子商务企业投资战略

1. 电子商务企业投资与传统企业投资的区别

与传统企业投资相比，电子商务企业投资有很多不同，主要体现在以下几个方面。首先，许多电子商务企业的模式还没有经过检验，所以与传统企业相比，并不能确切地知道投资项目在未来的发展机遇，因此其发展机遇具有很大的不确定性。其次，电子商务企业运营所必需的基础设施的更新速度比较快，与传统企业相比，在人力资本与无形资本上的投资相对较大。因此，电子商务企业的前期投资在很大程度上是一个未知数。

2. 电子商务企业的投资理念

电子商务企业的投资活动要获得理想的效益必须具有新的投资理念，电子商务企业的投资理念应当透析网络经济的本质，顺应网络经济的发展趋势。

（1）在选择投资对象时，应注重其创新能力

电子商务企业投资理念的这一变化是适应电子商务企业信息交流速度、信息传递方式改变的需要。在电子商务时代，信息的传播速度加快，人们之间的交流和沟通增加，科学研究不断出现新的成果，产品的更新速度超过以往任何经济时代。新技术带来新的产品，快速的技术更新带来产品快速地更新换代，产品的生命周期大大缩短。在这种经济环境下，企业就必须有一支具有创新观念的管理队伍和一支具有技术创新能力的研发队伍。

因此，电子商务企业在选择投资对象时，关键要看其是否具有科技创新能力，而不在于企业所处的行业，因为传统企业只要具有创新能力，同样能够在该行业中发展核心竞争力，占有较高的市场份额，并保持企业的持续发展。即使是高新技术产业，如果不具备持续创新的能力，也会很快失去竞争力，从而不再具有投资价值。

（2）发展全球化投资

电子商务企业依靠网络技术发展到一个新的阶段（从跨国公司到无国界公司），全球化将得到充分发展，边界的概念、国家的概念受到冲击，各网络之间可以不考虑地理上的联系组合在一起。信息在全球范围内自由流动，使投资者可以便利地获取全球各地的投资信息。投资者的资本在全球范围内流动使投资者的投资组合真正实现在地区上的分散化，并且能充分利用各个地区的比较优势。

3. 知识资本投资是电子商务企业投资的重点

随着电子商务时代的到来，企业扩展了资产的范围，改变了资产的结构。在企业新的资产结构中，物质资产的地位将相对下降，而知识资产的地位将相对上升。电子商务企业投资管理者应着重考虑"投知"，即对知识资本的应用。企业财务会计管理应帮助企业充分利用企业的知识资本，包括合理估计无形资产带来的价值与收益，使企业知识资本达到最佳效益结构。企业财务会计管理重在发掘企业知识资本的潜在收益能力，使知识资本为企业带来源源不断的财富。

（1）电子商务企业进行知识资本投资的特征

①生产性。知识作为资本而进行投资，在生产过程中物化到产品上形成知识产品，知识产品与物质产品具有相同的性质，能满足人们在某些方面的精神和物质需要。它有多种表现形式，通过特定的方式对客体产生影响，如组织治理结构理论、企业文化、经营理念等知识产品以文字叙述形式或图表、数据反映的形式来指导实践。

②无形性。知识资本投资后生产的产品——知识产品，既可能以物质资料的形式出现，也可能以人的智能的形式出现。知识资本的无形性也就决定了知识产品的间接性和潜在性。若知识产品以人的智能的形式或者以知识化的人的形式出现，则显然这种知识产品具有间接性和潜在性，若知识产品以物质资料的形式出现，那么这种物质资料所包含的知识价值无法直接计量，其价值也是具有潜在性的。

（2）知识资本投资效应

财务资本的经济转化率与投资决策密不可分，即财务资本是否能更快、更有效地转化为经济效益在很大程度上取决于投资决策。知识资本与投资决策也紧密相连，但知识资本投资的有效性并不仅仅局限于是否直接地、最大限度地、最快地获取物质财富，它还包括获取知识财富，从而在将来间接获取潜在的经济效益。对于企业和个人的知识资本的投入，尽管存在有效和无效的问题，但从长远的角度上来看，无效投资也极有可能转化为有效投资。这主要在于作为财务资本的货币是死的，是注定不可再生的，而作为知识资本的知识具有很大的活性，具有巨大的自我繁殖、再生、迁移和衍生的能力。总的来说，知识资本投资并不完全以经济效益为依据，它的投资依据是由投资主体所要达到的目标所决定的，而且这样的目标有长短、显隐之分。就显性目标和短期目标而言，知识资本投资可能出现有效情形或无效情形，而就隐性目标与长远目标而言，知识资本投资永远是一种有效投资。

与传统意义上的资本相比，知识资本在生产经营中发挥的作用更加重要。无形资产将成为电子商务企业投资决策的重点。在新的资产结构中，以知识为基础的专利、商标权、商誉、计算机软件、人才素质、产品创新等无形资产所占的比重以及所起的作用已不容忽视，它已日益成为决定企业未来收益及市场价值的主要资产。这就要求企业必须调整旧的指标体系，建立切实反映无形资产投入状况及其结果的决策指标体系。电子商务企业一定要特别注重无形资产和有形资产的转换，拓展市场空间。因为知识资本的价值只有在交易中才能得到体现，而不像传统的有形资产一样表现在企业的资产负债表上。所以企业拥有者不仅要以有形资产的投入作为主要表现形式，而且要使无形资产、知识产权和管理能力等成为比有形资产更重要的因素。

第二节　电子商务企业财务会计管理战略的实施

一、电子商务企业利用网络财务实施财务会计管理战略

所谓网络财务，简单地说，就是一种基于计算机网络技术，以整合实现电子商务为目标，以财务会计管理为核心，财务、业务协同，业务流程重组，支持电子商务，能够提供互联网环境下的财务核算、财务会计管理及各种其他功能的、全新的面对供应链、支付网关等需要安全支付的财务会计管理系统。网络财务以网络技术为手段，在互联网环境下实施财务核算、分析、控制和监督等。

它将现代网络技术与财务会计管理技术有机结合，实现企业内部网与国际互联网、政治社交网、会计师事务所、税务部门等各网络互联，公众可以通过上网访问企业的主页，浏览查询自己所需的企业最新的和历史的财务信息。

（一）网络财务在电子商务企业应用中的优势

1. 网络财务提高了电子商务企业财务会计管理的时效性

网络财务利用网络资源的高度共享性，打破了物理距离与时间限制，使我国电子商务企业的财务会计管理变得即时和迅速。即时生成的财务信息使财务会计管理实现了由静态向动态管理的跨越。在当今的信息社会，信息使用者随时随地都可能需要利用财务信息来做出经营决策。虽然传统财务会计管理战略实施工具在使用计算机后已经大大提高了处理速度，然而却仍然没有改变手工处理方式下财务处理远远落后于实际业务发生时间的情形，仍然只能定期提供财务信息，只是对企业经营结果的静态反映。网络财务对财务数据的处理是实时的，无论生产经营业务发生在企业外部还是内部，一旦确认都将存入相应的服务器中并主动送到财务信息系统随时进行检测，业务信息实时转化成反映各种经营业务的动态报表和财务报表。企业管理者可以运用这些实时的财务信息做出决策，从而提高其决策的准确性、时效性和风险可控性。

2. 网络财务全新的运作方式提升了电子商务企业财务会计管理的效能

网络财务是电子商务企业的重要组成部分，它在实践中使企业财务会计管理的效能得到进一步的延展。在网络财务条件下，财务信息变成网页数据，相关信息使用者可以随时提取。此外，网络财务还可以提供24小时全天候的便利，企业的投资者或股东可随时随地地查阅企业财务报告。网络财务中使用电子货币，这不仅极大地提高了企业的结算效率，加快了资金的周转速度，而且降低了企业的资金成本。电子商务企业运用网络财务实施财务会计管理战略后，可以通过互联网完成大部分的工作，实现在线办公、远程办公、分散办公和移动办公，从而降低机构运行成本，提高工作效率。

（二）网络财务在电子企业应用中存在的问题

1. 网络财务的安全问题

目前在电子商务企业中应用网络财务出现的安全危机主要有以下方面。

（1）数据失真

电子商务企业应用网络财务实施财务会计管理，财务数据信息大多通过网络进行传递，因此，在数据流动的过程中就不存在传统的签章确认等手段，从而使信息的完整性与真实性很难得到保证。最常见的数据失真主要有会计数据错误、丢失，或是数据被恶意篡改等。

（2）信息泄露

由于网络财务是依托互联网而运作的，因此信息技术对于企业的财务会计管理也起着关键的作用。目前，利用高科技手段窃取企业机密是构成企业财务系统安全风险的重要形式。例如，黑客利用非法手段入侵企业财务系统，窃取机密信息和财务数据，会给企业带来很大的损失。

2. 网络财务的制度监管问题

在网络财务中，所有的财务信息都经过网络传输，传统的签名方式已经不再适用。因此，建立规范的法律制度和适应需求的会计制度，是网络财务在电子商务企业应用中必须解决的新问题。

3. 电子商务企业会计核算手段的有效性问题

网络财务的应用导致了电子商务企业会计核算手段的变化。网络财务要求除了在单机状态下系统的内部模块之间有效连接外，还需要处理商务状态下的公众接口问题。如除了定期向企业内部管理层公布各种信息外，还要向银行信用部门、证券经营机构公布相应范围的数据，并且必须处理与其他企业、银行结算系统，税务稽查系统，海关系统等的有效连接，这就对财务核算提出了新的要求。

二、电子商务企业财务会计管理战略的实施对策

（一）找准市场定位，制定财务会计管理战略

企业在确定盈利模式的过程中，第一步要做的就是准确定位企业市场，制定财务会计管理战略。从企业财务会计管理战略的角度出发，若在初始定位时出现错误，不仅对企业资源造成浪费，还会给企业带来难以挽回的损失。所以，企业必须关注市场定位的问题。自"新零售"概念提出以来，传统零售电子商务企业都在探索自己所理解的新零售，虽然不同的人会有不同的理解，但是在本质上就是以高新技术为依托，融入物流，实现全渠道和全供应链的整合。

（二）依据财务会计管理战略，构建盈利模式

企业在对财务会计管理战略进行调整后，应对资金进行规划，明确企业资金的来源和去向，总结财务会计管理战略的特征，以财务会计管理战略的规划布局去构建符合自身发展的盈利模式，使筹集和投入的资金能够得到有效规划和利用。长期资金来源支持投资期长、回收期长的项目，追求长期利润，以避

免企业资金链的断裂；多元化的利润点可支持投资范围的多元化，避免投入资本的浪费；投资产品多样就应整合供应链，实现品类营销。无论最终构建的盈利模式如何，都应尽量与财务会计管理战略实现匹配，只有这样，才不会造成资本的浪费，才能在此基础上进行下一步有效的投融资决策，形成良性的发展。

1. 重视用户规模与黏性，培养利润对象

零售电子商务企业不仅拥有零售企业的特质，同时拥有物联网企业的特质。零售电子商务企业在追求企业绩效的同时也应重视用户的价值，重视对忠实客户的培养，不能局限于历史的财务数据，关注眼前的盈利，而应将眼光放长远，关注用户今后能创造的价值，创造更多增值服务吸引用户，增强用户黏性，最终提高用户的购买能力，追求用户为企业创造的长期价值。如根据用户的活跃程度向用户送出不同等级的礼品，提高用户的活跃程度；与其他企业达成战略合作，扩大用户群体；提供不同的增值服务扩大用户规模，增强用户黏性；研发大数据等精准营销系统，了解用户的潜在需求，挖掘更多的用户潜在消费，培养忠实用户，重视用户产生的价值。

2. 根据投资范围，确定利润点

随着人们生活水平的逐渐提高和消费层次的不断上升，物流行业和金融行业的加入成为零售电子商务服务水平升级的切入点。在对物流业和金融业进行多元化的投资后，电子商务零售企业应在物流业和金融业为零售业提供辅助支持的作用上挖掘新的利润点。

在金融服务行业方面，电子商务零售企业应推出自己的支付方式，形成自己的支付平台，为企业提供更多的资金流动渠道，增强企业的融资能力，在此基础上推出更多的金融服务产品，为企业提供新的利润点。

在物流行业方面，零售电子商务企业应加快物流设施的整合优化升级，创新物流模式，提高物流效率和用户的满意度，用良好的物流服务吸引更多的用户，这样不仅能增加整个零售体系的用户数量，还能为企业带来新的利润点，形成社会化的物流收入。

3. 突出自身优势，凸显利润杠杆

企业在构建盈利模式的过程中，不能生搬硬套其他企业的盈利模式，生搬硬套只是治标不治本，即使获得了盈利也只是暂时的，因为每个企业的发展情况都不尽相同。要想建立具有竞争优势的盈利模式必须根据企业自身的发展特点，凸显自身优势的同时为企业带来更多的利润。如苏宁易购在转型之前拥有庞大的线下实体店，这是苏宁易购最显著的特点，也是其他企业无法比拟的竞争优势，故而推出"线下体验，线上购买，线下引流线上，线上反哺线下"的良性循环模式，根据自身特点发掘企业盈利的更多可能性。

4. 加强研发能力，形成利润屏障

零售电子商务企业当前面临各种高新技术蓬勃发展的局面，科技成为王道，成为企业核心竞争力的体现。零售电子商务企业应加大对科研项目的投入力度，加大对大数据、人工智能、云计算等高新技术的开发和新产品的研发力度，提高研发效率，形成独立的数据分析能力，形成有力的利润保障。

三、电子商务企业财务会计管理战略的实施实例——以苏宁易购为例

（一）苏宁易购财务会计管理战略调整动因分析

1. 内部环境分析

（1）自身发展所处战略阶段

苏宁易购财务会计管理战略紧跟企业整体发展战略的调整而不断调整。苏宁易购集团股份有限公司自成立起共有三个"十年战略"，当前所处阶段便是第三个"十年战略"——"科技转型，智慧苏宁"。自2013年开始推进线上与线下的融合，打造"店商+电商+零售服务商"的"云商"模式，公司名称为匹配其变革，也从"苏宁电器股份有限公司"更名为"苏宁云商集团股份有限公司"。2017年及以后互联网技术及资源开始整合到线下渠道，实现线下各种业态的逐步升级，实现线上与线下渠道的融合运营，形成苏宁集团"智慧零售"模式，将线上与线下的多渠道与多种业态统一为全场景互联网零售"苏宁易购"，公司名称也随之升级为"苏宁易购集团股份有限公司"。在发展战略变化的同时，其财务会计管理战略也随之转型，根据财务会计管理战略的指导规划资金的流动，最终达成企业价值增值的效果。

（2）组织结构变化

在2016年6月3日苏宁云商集团股份有限公司发布非公开发行股份上市公告增发股票后，淘宝（中国）软件有限公司占发行后总股本的19.99%，仅次于董事长张近东的20.96%，成为苏宁易购第二大股东。这次组织机构的调整决定了苏宁易购与淘宝（中国）软件有限公司的战略合作，也决定了苏宁易购的资金流向，为云店、物流、金融、IT等项目奠定基础。

2. 外部环境分析

（1）社会消费习惯变化

电子商务平台流量饱和，平台流量费用越来越贵，商户吸引顾客的成本越

来越高,电子商务企业的线上红利已触及顶峰。相反,实体零售出现回暖现象,人们开始更加重视实际消费过程中的体验感。

此外,原来按供给购买的消费方式已不再满足现在消费者个性化的需求,商家生产的商品在很大程度上难以满足消费者的购买需求,消费者宁愿花更多的时间、精力和金钱去追求想要的产品,以价格为主导的消费需求逐渐成为过去式。对于零售企业而言,关键便是了解消费者的购物心理,"反向定制"个性化产品,以便随时随地满足消费者的购物需求。

(2)技术环境变化

互联网技术和移动互联网在过去十年里推动了电子商务的蓬勃发展,随着科技的不断发展,人工智能、大数据、云计算和区块链等新兴技术的发展正在进一步促进消费的再次升级。运用大数据处理可以实现精确营销,人工智能技术可以为消费者带来更加人性化的体验,区块链技术可以更好地对供应链进行整合;对消费者而言能提供更加个性化的服务,对买卖双方而言可解决信息不对称的问题,达到各个环节真实透明的交易状态。

(3)经济环境变化

大数据、区块链等新技术的开发利用在达成全场景、全渠道的新兴零售模式中发挥着重要作用,各零售电子商务巨头逐步开始转向线下零售场景的布局。阿里巴巴集团与银泰商业、三江购物、高鑫零售等达成战略合作,孵化"盒马鲜生",提出"新零售",京东集团入股永辉超市,与沃尔玛达成战略合作,推出"7 FRESH"等面向社区生鲜的实体零售,提出"无界零售"等,在市场逐渐从线上转向以线上为主、线下为辅的全场景运营,全方位地满足消费者随时、随地、个性化、场景化的购物需求。苏宁易购作为零售电子商务行业的三大巨头之一,率先进行线下布局,也紧跟这场转型的浪潮,继而提出"智慧零售"。

(二)苏宁易购财务会计管理战略改进思路

基于对苏宁易购近些年财务会计管理战略的分析,结合该公司的转型历程,我们可以总结其转型期财务会计管理战略的特点:2011—2013年是苏宁易购转战O2O模式的初期,也是企业开始转型的初期阶段,通过财务数据可知它在筹资、投资、营运资金等方面指标的增长都是很大的,但企业营业收入的增长并没有同期跟上,这个时期企业的风险还较小,属于可控范围;2014—2016年这三年期间,苏宁易购的筹资、投资、营运资金方面的规模还在急剧上升,并在2016年达到峰值,相比较于转型初期,这一阶段苏宁易购各方面都得到了增长，企业的负债也在急剧上升，而利润分配却急剧下降，呈现出"高负债，低分配"的特点，企业风险较大。从以上的转型期财务特点来看，苏宁易购转型初期的财务会计管理战略属于稳健型，而后期则是扩张型财务会计管理战略。

总结苏宁易购财务会计管理战略的总体思路如下。首先，苏宁易购的筹资战略具有高负债、高风险的特点，苏宁易购在成长期与成熟期均通过债务筹资保持高负债，而且在转型初期和中期，苏宁易购的短期筹资占比均较大，即使在近两年进入成熟期后对筹资结构进行了调整，开始重视长期筹资这一方式，积极控制债务风险，但就目前来看，其债务风险还是很大。其次，观察苏宁易购的投资战略可以发现，对内投资是其投资的主要组成部分，虽然说它在成长期开始集中发展，近两年开始进行多元化投资，但深入分析发现，其主要的投资项目还是以固定资产为主，这样的投资对于转型阶段的企业来说，投资效益并不稳定。再次，分析苏宁易购的营运资金战略发现，从转型以来，企业一直处于"负营运资金"状态，企业的应收款项、存货绝对值的合计值远远小于应付款项的数额，而且企业货币资金相对应付账款来说比例太大，提示企业有着流动资产和流动负债结构不合理的问题。最后，苏宁易购转型期的利润分配战略以低收益分配为主，企业采用了较新的股票期权策略，但是一般来说，企业虽然在成长期应用股票股利有着很多好处，但对于开始进入成熟期的苏宁易购来说，一定的现金股利还是十分必要的。

总体来说，目前苏宁易购还处于转型的关键时期，其价值创造能力还远没有发挥出来，而且企业的经营利润也不够稳定，所以要针对目前财务会计管理战略的各个方面存在的问题加以改进，并从人才、战略布局以及风险管理方面予以保障。

（三）苏宁易购财务会计管理战略改进策略

为了筹集资金，苏宁易购可以将之前投资的大量自有门店物业房产权与一些土地使用权转让给其他企业，然后采用融资租赁的方式进行回租。这样一来，企业在减少店铺"关门"风险的同时可以使部分投资资金回笼，而且企业还能保持大量门店经营的模式，这可以很好地促进企业资产的良性运转，同时保持企业线下业务的经营，减少门店"关门潮"带来的损失。在这种创新性的资产运作方式下，筹资改变了以往从负债和权益角度出发的原则，这是从资产负债表出发，兼顾企业正常运转的同时获得了大量的资金，而且能及时处理掉不良的固定资产。总之，苏宁易购若是采用这种创新融资方式，好处是很多的，也可以改变企业过多的债务筹资，从而减少筹资风险。

1. 筹资战略改进策略

（1）融资决策需要不断地创新探索

从实际情况来看，苏宁易购在 2014 年、2015 年均通过不动产投资信托基金的创新资产运作模式进行过筹资，也就是售后租回交易。这项操作不但在很大程度上调节了当期营业外收入和净利润，而且为资金短缺的苏宁易购带来了 30.18 亿元的现金流净流入，门店的经营权也得以维持，所以这种方法是值得进一步推广的。目前我国的政策也倾向于这种战略方式。中国人民银行曾下发通知，企业的商业地产可以在价位合适的情况下处理掉自有物业，并将其转成企业的流动资金进行再投入，这种方式在英美等国家已经较为成熟，而且实践经验证明效果很好。所以在今后的发展中，苏宁易购可以继续深入这种筹资方式，通过出售自有物业进而在售后进行租回，可以在很大程度上解决企业当前的资金紧缺问题。

（2）基于自身资本结构审慎决策

目前苏宁易购的负债比例高，且以短期负债为主，短期内的还款压力很大。纵观苏宁易购转型以来的债务融资，企业一直以短期借债为主，从而造成了如今的债务结构。针对这种债务结构，苏宁易购在短期内仍然需要筹集大量的资金。为了防止短期债务堆积的问题，苏宁易购要对自身情况进行综合评估，从而制定出与自身发展较为适合的筹资结构和规模，尽可能地避免财务风险的发生。

在 2016 年，苏宁易购已经有过一次定向增发，所以这一筹资方式在短期内不再适用。考虑到 2014—2015 年苏宁易购财务报表均显示扣除非经常性损益后的净利润都为负数，所以配股的条件也不成熟。对于股权融资来说，苏宁易购可以在保证当前股权结构相对稳定的前提下进行员工持股计划。苏宁易购在今后可以将融资计划重点转移到长期借款上面，维持较适宜的 60% 左右资产负债率，这样既能降低短期债务的比例，同时还能利用合理融资方式保持企业拥有适度的财务杠杆，保证企业的长久发展。

2. 投资战略改进策略

（1）注重多元化投资战略的有效整合

从苏宁易购近几年的投资战略可以看出，苏宁易购在进入转型的成熟期后，其投资战略多元化。但是苏宁易购的主要发展定位还是零售企业，所以以 O2O 为主的业务模式还是其主要的发展方向。之前苏宁易购已经有所拓展的其他领域如物流、金融等都是较为新兴的领域，这些领域对于人力和资金都有着很高的要求。对于苏宁易购的O2O模式来说,物流、金融等业务也能为苏宁易购的主营业务做好服务与支持,所以苏宁易购在进行业务拓展的同时要做好业务整合,从而最大化地利用自身资源提升企业的核心竞争力。

(2)不同的业务应当采取不同的投资战略

苏宁易购虽然进入了转型的成熟期阶段,但是它的投资收益却出现了下降趋势,其中主要可以归因于转型期过于多元化。例如,苏宁易购发展的红孩子、PP视频、物流支持、金融支持等相关业务。学者饶晓秋就曾指出企业在同一时期不同业务不应该局限于一种财务会计管理战略。因为企业的生命周期阶段取决于企业几个最重要的业务部门,其他部门的发展生命周期阶段可能出现超前或滞后的情况。在企业集团内根据各业务子公司所处的阶段制定相对应的财务会计管理战略,可以促进相应业务子公司营运管理效率的提高。

对于苏宁易购来说,作为主营业务的零售业务已经进入成熟期,所以苏宁易购已经从总体上进入成熟期,确实适用于多元化投资战略。与此同时,与苏宁易购同步发展的苏宁银行、苏宁商业保险等业务仍然处于或将长期处于发展的初步阶段,在保证企业获得利润的同时,应该采取相应的扶持政策,扶持相关的业务进行发展。苏宁易购可以在此阶段采取相应的发展型战略或者是集中型战略。总而言之,企业处于不同的发展阶段,要根据不同的发展需求,需要制定不同的发展战略。只有符合企业实际情况的发展战略才能帮助企业更好地发展。

(3)积极投资和发展大数据平台

随着信息技术的发展,互联网零售业务迅速崛起,这除了与网络的普及、智能终端的广泛使用有关外,大数据技术及平台的发展也十分重要。作为进军O2O模式的苏宁易购来说,企业应该了解当下电子商务时代的发展趋势,同时还要充分利用这一时代所有的有力工具。从当前互联网零售业竞争格局来看,苏宁易购最强大的竞争对手有淘宝网、京东商城以及近两年兴起的拼多多,淘宝网、京东商城均已大力发展物流、众包等领域,同时还利用了大数据来提升自身竞争优势。为了顺应当下的时代潮流,苏宁易购也应该尽快将大数据好好地利用起来,争取依靠技术力量保持自身的行业地位。

3. 营运战略改进策略

(1)调整流动资产和流动负债结构

根据苏宁易购的财务数据,货币资金和应付款项的比例一直很高,虽然一定比例的货币资金和应付款项可以使企业保持较好的偿债能力,但是如果过高也有反作用。因为货币资金不能获利，对于以营利为主要目的企业来说，机会成本太大，会直接导致企业获得的利润率下降。同时，如果企业的应付款项金额过大的话，那么会造成企业的营运资金负担过重。虽然苏宁易购处于零售行业，企业的营运资金相对于其他行业来讲比较高，但是过高的营运资金会给企业带来一定程度上的财务风险。所以苏宁易购为了确保企业持久性发展和建立与营运商之间的良好关系，有必要调整债务结构和流动资产比例。

（2）加大营运资金管理力度

通过上述对财务数据的分析，可以很明显地看出苏宁易购在发展进入成熟期之后，其营运资金的效率每年都在下调。这样长久下去会带来很大的营运风险，所以苏宁易购的营运资金管理力度还须加大。当前苏宁易购虽然处于转型的成熟期，但内外部环境十分不稳定，这才导致苏宁易购需进行战略方向上的调整。

在今后的经营发展中，苏宁易购应该借鉴国内外相关营运资金管理的经验，加大对企业内部营运资金管理的力度，从根本上降低企业财务风险发生的概率，这样才可以很好地维持企业主营业务现金流的稳定，促进企业的长期发展。

4. 股利分配战略改进策略

（1）继续实施低分配战略

近几年来，苏宁易购总体维持低水平的分配战略，这与企业的资金需求有着很大的关系。目前苏宁易购的资金短缺情况还是很严重，所以这种股利低分配的情况还应该持续下去，以保障企业的资金供给。目前，虽然主营业务已经进入转型期，但是很多企业业务还处于初创期或者成长期，投资收益并不能马上获得，因此苏宁易购低分配股利的方式还要进行下去。

（2）基于企业和股东最大化价值博弈结果制定股利分配战略

企业采取低利润分配战略固然对企业发展有好处，但是在这之前要做好股东的动员工作。在确定低分配战略时，企业的经营管理层应该与股东进行沟通，晓之以理，使其能够为企业的长期发展做出贡献。当前苏宁易购虽然已经进入成熟期，但是其发展情况决定了企业应该继续财务低分配战略，所以会有部分股东有意见，沟通交流就十分必要。只有处理了企业发展与股东利益之间的矛盾，才能确保企业的战略转型顺利进行下去。

在具体的实施中，企业的经营管理者还应该在利润分配方面起到表率作用。苏宁易购在股票期权方面已经有了较多的经验，这为转型期股利分配计划实施奠定了很好的基础，苏宁易购可以在以往经验中吸取成功的经验和失败的教训，将股利分配政策顺利执行下去。

此外，针对当前企业处于资金困难时期，企业的现金流量不足的现状，一些高管可以考虑主动降薪这一策略。主动降薪策略有两点好处：一是可以缓解基层员工因业绩不佳而导致降薪的不满；二是可以使其他股东更容易接受股利低分配战略。

（四）苏宁易购财务会计管理战略的保障措施

在当前的零售业环境中，苏宁易购密切关注国家的政策以及世界范围内同行业的发展，务必与国家的政策方向一致，还要顺应世界经济的发展潮流，从而减少风险情况的发生概率。

1. 加强财务会计管理人才的储备和选聘

苏宁易购从传统零售业转战 O2O 模式，这不是简单的商业模式的转变，而是现代企业由线下转战线上模式，因此企业的财务会计管理需要更加深入，兼顾企业的全球化和信息化发展。所以在转型期，苏宁易购的管理者不仅要有专业的财务和管理的专业知识，而且要熟知国内外财务环境和资本运作的规则，以发展的、广泛的眼光来进行战略制定，从而满足企业在转型过程中的投资和筹资等方面的需求。

因此，苏宁易购在从传统零售业转往 O2O 模式的转型中，财务人员的储备和培养工作应该提前做好。只有保证了财务人才的供给才能保证财务会计管理的水平，进而才能保证财务转型战略的制定与执行。

2. 财务会计管理战略应与企业的经营战略相匹配

财务会计管理战略要与企业的经营战略相匹配，企业转型集中体现在经营战略上。对于苏宁易购的企业转型来说，其经营战略能够取得成功的关键在于技术与服务的转换，从传统的线下零售业转为线上与线下相结合的模式，首先就要进行线上通道，即互联网技术的开发应用，进而提高顾客的体验满意度，从而逐步打开市场。顾客体验满意度与企业提供的服务息息相关，对于线上模式来说，物流服务至关重要。鉴于此，苏宁易购转型期财务会计管理战略制定要与企业制定的互联网、物流等经营模式高度协调，通过财务会计管理战略保障经营项目的顺利进行，最后才能做好整体财务会计管理战略目标的达成。

3. 财务会计管理战略应关注经营业绩的变化

企业的经营战略并不是一成不变的，相应的财务会计管理战略也不能一劳永逸。在企业的经营过程中，财务会计管理战略应该根据企业实际经营情况的发展进行优化调整。比如，苏宁易购在转型中发现企业由于投资过大导致了资金的紧张或者成本费用过大，企业的财务会计管理战略中应该加强筹资手段的运用，从而解决资金短缺的问题。需要注意的是，财务会计管理战略管理者也不能过于注重短期经营效益、因为暂时的亏本就认为O2O转型是失败的。在面对这些问题时，企业的管理者应该静下心来思索亏损的原因，找出问题根源所在，有针对性地提出改进策略，坚持不懈地通过科学的管理和技术的创新对经营业绩加以改善。同时，要对财务变化加以关注，发现危险因子及早排除，避免因管理失误而造成不可挽回的后果。

4. 加强财务会计管理的风险管理意识

收益与风险是高度相关的，企业是为了追求更高的利益才进行战略转型的，所以在战略转型中，风险也是相当大的。尤其是在当前的市场环境下，线下零售市场低迷，线上各大巨头竞争激烈，所以苏宁易购在转型中一定要做好风险的防范工作。在实际执行时，转型的各部门要密切关注可能面临的风险，及时制止风险情况的发生。在对风险进行处理时，务必要跟管理层进行说明，争取在企业发展过程中的内部一致性。

此外，苏宁易购在筹资过程中要尤其注意资金的供应情况，尽可能地降低资金的使用成本。同样，在投资方向中，当前行业瞬息万变，企业的转型政策也会有所变化，财务会计管理战略务必要做出相应改变，从而更好地适应企业发展方向和市场趋势，减少因市场变化带来的风险。

第七章　企业财务会计管理模式的应用

当前，我国经济体制出现了很大的变动。随着我国经济水平的迅速提升，经济体制也在不断地趋于健全，这使企业管理工作当中财务会计管理的地位得到了很大提升。然而，受我国经济模式发展的影响，电子商务企业传统的财务会计管理模式俨然已经难以适应企业发展运营的新方向。本章分为企业财务会计管理模式的具体应用——以京东集团为例、企业财务会计管理模式的具体应用——以当当网为例、企业财务会计管理模式的具体应用——以淘宝网为例三部分。本章主要内容包括京东集团电子商务的概况、京东集团电子商务的宏观环境分析、京东集团电子商务盈利模式、当当网的经营模式、当当网的财务会计管理模式等。

第一节　企业财务会计管理模式的具体应用
——以京东集团为例

一、京东集团电子商务的概况

（一）京东集团简介

京东集团成立于1998年，是由刘强东带头创办起来的一家公司。目前，我国最大的电子商务企业就属京东集团，京东集团在经历了十几年的变革之后，在2004年终于加入电子商务的大军。京东集团在2014年成功在纳斯达克挂牌上市，在2016年成为我国唯一一个被《财富》选入全球五百强的互联网企业。与此同时，京东集团的交易额同比增长了百分之四十。京东集团的一次次改进不断突破局限，使其自身取得了跨越式的发展。京东集团在不断壮大的同时也心系社会责任，积极响应国家号召，提高人才的培养和利用率。截至2020年12月，京东物流运营团队员工已有二十多万人。京东集团电子商务已经拥有将近4000万种商品,其经营范围囊括了客户基本生活的各个方面。京东集团多年来的经营理念就是以人为本,把消费者的服务需求放在第一位,并且从不断优化的服务中赢得消费者的好评,在我国电子商务企业中占据稳定的地位。

(二)京东集团主要业务

目前,京东集团主要有四大板块,分别是京东商城、京东金融、京东物流、海外事业部。京东智能也随着社会需求的增长而逐渐成熟起来。

1. 京东商城

在我国电子商务企业竞争日益激烈的当下,京东商城合理地运用其发展优势进行不断创新,全方位调节线上网页和自身的供应链结构,为成为电子商务界的领队人打下基础。京东商城的市场营销可以分为四个部分。

(1)产品和服务

京东商城的营业范围较广,包含电脑数码、家居服装、母婴图书、化妆品、家电食品等数万种商品,其所售商品的价格比实体店价格低20%左右,因此,京东商城的市场占有率在行业中居于首位。并且,京东商城始终保持着以人为本的经营理念,尽量满足客户的购买需求,提高消费者满意度。另外,京东商城为了最大限度地解决客户售后服务的问题、维护客户利益,在售后环节中推出了延保服务和家电以旧换新等新型服务项目。

(2)目标客户

京东商城客户群按年龄划分主要是在25～40岁,按职业划分是以大学生和白领等网络爱好者为主要群体。每年在大学生中就有600万人左右的京东商城潜在消费群体,京东集团在行业竞争中占据了吸引客户的领先优势。

(3)广告和促销战略

一方面,京东商城通过线上营销进行广告投放;另一方面,它遵循传统广告模式在户外粘贴广告,京东商城的广告已经遍布各个城市甚至农村。或许正是因为京东商城广告的宣传广泛,使京东商城在国内基本上是家喻户晓。京东商城在每年的6月18日都会以店庆的名义进行商品促销,在这一天京东商城会与竞争对手打起"价格战",利用这个促销手段提高销售量。

(4)供应链管理

京东商城的供应链管理是其主要的竞争力。在京东商城的采购方面,其每年的采购额多达600亿元,主要的采购方式分为三种:人员采购、厂商直供、品牌入驻。在京东商城产品的仓储方面,其按照业务流程将仓储划分为入库、存储、生产、其他特殊出入库等。京东商城按商品特性将库房分为六大部分:

大家电仓库、小家电仓库、百货服装仓库、图书音像仓库、食品母婴仓库以及主要以存放计算机、通信和消费类电子产品为主的3C仓库。在京东商城的物流配送方面，其运用自建物流配送和选择第三方物流配送的方式。京东商城运用自建物流配送，是指将京东商城自身和网络商家的货物在初期先一起存放在京东商城的中心仓库中，然后由京东商城自建物流进行送货，其自建物流的配送体系包括急速达、限时达和定时达三种，这些特色服务在行业化竞争中也只有京东商城拥有。

2. 京东金融

目前，京东金融被作为京东集团的第二大盈利点，未来在京东商城内部其盈利地位可能会超过京东商城。京东金融由消费金融业务、供应链金融业务、平台业务、支付业务和众筹业务这五部分组成。其中消费金融与供应链金融业务为京东集团盈利做出了巨大的贡献。京东集团的消费金融业务主要以京东白条为具体表现形式，京东白条类似于互联网中的信用卡，是一种先消费后付款的消费方式，消费者可以从京东白条中借钱来购买想要的商品，并且可以像银行那样分期还款。供应链金融业务是为京东集团的供应商提供贷款的业务，供应商贷款在京东金融里主要是以京保贝为具体表现形式，京保贝的三分钟到账业务已受到广泛认可。

京东集团支付业务包括网银钱包，网银钱包目前与货币理财产品"小金库"的基金销售相结合，相互促进。京东集团众筹业务——凑份子，主要包含股权众筹、公益众筹、产品众筹和债权众筹四部分，其主要依赖于产品众筹，是指其出资人对众筹的项目进行出资以获得服务和产品。

3. 京东物流

京东集团从2004年就开始布局自建物流，到现在，京东集团自建物流已经运营了209个大型仓库，6座全国最大、最先进的电子商务物流中心"亚洲一号"，拥有5987个配送站和自提点，并且推出211限时达、次日达、极速达等配送服务。目前，京东集团自营商品当日达和次日达的订单占比超过85%。

京东集团正致力于推动智能物流，研发无人机送货为农村电子商务配送提速，无人仓智能机器人已在多个仓库实现落地运营，无人配送机器人已在中国人民大学、清华大学等高校实现常态化运营。

4. 海外事业部

2014年4月，京东集团的海外事业部正式成立，它主要负责京东集团商品的进出口业务。京东集团希望通过这个海外电子商务平台，将海外商品和国内商品进行互通，达成双方交易，为自身带来新的利润增长点。

京东集团的海外事业部在行业中属于起步较迟的，在跨境电子商务中还没有名气，但是京东集团长久以来保持着高速增长的销售量，加上其电子商务平台已经步入成熟期，所以在跨境电子商务领域，未来的京东集团很可能成为与亚马逊和速卖通一争高下的行业中的黑马。

二、京东集团电子商务的宏观环境分析

宏观环境（PEST）分析是战略分析中经常采用的方法，其主要是用来对企业外部宏观环境展开分析。PEST分析主要由政治、经济、社会和技术四个因素组成，企业可以根据分析出的结果制定相应的竞争战略。

（一）政治环境分析

政治环境的优劣从宏观上影响着整体的经济形势，进而在微观上也对企业的正常经营活动产生影响。政治稳定、政策支持、法律完善是企业发展强有力的前提保障。目前，我国电子商务行业不断跨越式发展，取得了广阔的生存空间，这源于其不断地创新。各大电子商务平台百花齐放，在与国家政策环境的碰撞和摩擦中进步。因此，电子商务的发展离不开国家政策环境的支持。

近年来，国家逐渐重视电子商务企业在不同方向上的尝试，并且建造了一个相对宽松的发展环境，大力建设基础设施（尤其是"交通"这一电子商务物流极其依赖的基础设施），促进国际交流，建立强有力的网络安全保障体系，大力建设电子商务产业园等来发挥电子商务的就业及创业作用，并促进网络经济和传统实体产业相结合的转型升级，同时努力为电子商务的发展创造尽可能有利的政策环境。根据近期的政策消息，未来我国将跨境电子商务示范城市的范围进一步扩大，这对绝大多数进口电子商务企业来说是一大好消息。另外，我国也大力推动农村电子商务的发展，完善农村电子商务政策，实现城乡生产与消费多层次对接。国家鼓励各地推动农村电子商务的发展，通过有效贷款、补贴等方式扶持农村电子商务的发展，鼓励社会资本进入农村电子商务市场。为了支持电子商务企业发展电子支付及其衍生业务，相关部门在保证金融安全的前提下，对电子商务支付领域的创新给予了充分的支持和空间，用来保证电子商务支付功能的不断发展和进步。

目前，我国正不断地建设完善关于电子商务产业的法律法规体系，2019年1月1日正式实施的《中华人民共和国电子商务法》是我国第一部电子商务行业的综合性法律，它保障电子商务各个利益相关者的合法权益，规范电子商务

行为，维护电子商务市场秩序，促进电子商务产业可持续健康发展。其规范了电子商务平台经营者的经营行为以及经营资质，保障消费者的合法权益，使电子商务朝着健康的方向发展。

（二）经济环境分析

经济要素指的是从整体上影响一个国家经济状况的要素，包括现阶段国家经济水平、经济制度和结构、将来国家经济形势等。2020年受新冠肺炎疫情影响，本来就不乐观的全球经济形势陷入寒冬。我国2020年一季度GDP约为206 504亿元，增速与同时期相比下降6.8%，这是自20世纪90年代以来我国第一次出现季度性的经济下滑。虽然伴随着全面复工，经济形势回暖，但面对全球经济的滑坡，我国走出困境需要长时间的探索和努力。

（三）社会环境分析

社会因素主要由一个社会的民族特性、文化力量、人口规模及年龄段组成、社会收入及贫富差距、社会组成传统观念和宗教信仰等因素构成。在这些因素中，人口规模和年龄段消费差异是影响一个国家或地区市场规模最重要的影响因素。

在我国具有影响力的社会因素包含以下几点。一是我国人口数量以及网购人数世界第一。根据相关资料显示，截至2020年3月，我国网民人数达到9.04亿人，其中网络购物用户规模达7.10亿人，较2018年年底增长1亿人，占网民整体比例达78.54%。我国庞大的人口基数给电子商务平台带来巨大规模的用户群体，使电子商务在我国这样大的社会环境中发展如鱼得水。二是我国消费观念的转换。近年来，网络购物逐渐替代线下购物成为人们首选的购物方式。对于消费者来说，网络购物不仅方便快捷、省时省力，而且不受时间、地点限制就能获取大量商品的信息，买到当地所没有的商品。伴随着网民规模的不断扩大，我国每年的网络购物总额也不断增长，从2011年的0.8万亿元增至2019年的7.5万亿元。

此外，电子商务正在不断地影响我们的生活方式，各大电子商务平台大幅度、多广角地进入我们的生活中，线上与线下相结合，从购物、电影、餐饮以及各种劳务服务等方面进行渗透，使电子商务平台成为人们生活中的必需品。

（四）技术环境分析

技术是推动时代进步和发展的主要推动力，每一次的技术革命都给社会带来了重大变革。技术因素包括新技术、新材料以及未来引领技术潮流和应用前景的新思想等。技术创新是时代发展的推动力之一，是形成不同产业和推动时代发展的主要影响因素。对于电子商务行业而言，影响其行业发展的技术主要有以下几点。

一是信息通信技术。信息通信技术的发展是电子商务发展的基础，尤其是移动互联网技术的快速发展为人们提供了无时间、无地点限制的购物体验，从而使O2O模式得以发展，这是电脑端购物所具有的无法比拟的优势。京东商城通过与腾讯微信合作建设商城一级入口，运用社交平台属性引入大量流量。

二是物流水平。快速的物流配送可以给消费者带来完美的购物体验，强大的物流体系可以保证消费者购买的商品快速到达其手中。京东物流是京东集团的招牌服务，而且京东集团每年投入巨大的人力、物力在仓储以及配套设施的建设和优化中，将京东物流打造成中国最有影响力的仓储物流之一。

三是大数据、云计算、人工智能等新技术的蓬勃发展催发出新的技术革命。信息化时代带来的巨量数据让人束手无策，此时大数据和云计算应时而生，并且渗入各行各业的各个领域。尤其是在电子商务的发展中大数据发挥了巨大的作用，其数据处理能力为企业带来了超强的时效性、高容错性。而人工智能则会把人从简单重复的劳动中解放出来，投入更有挑战性的工作中。

三、京东集团电子商务的态势分析

（一）京东集团电子商务的优势分析

如今，在我国电子商务行业中，京东集团电子商务平台的销售量和网站访问量稳居第二，销售额占据我国电子商务行业市场份额的三分之一，以下是京东集团拥有的竞争优势。

首先，京东集团电子商务平台拥有强大的物流系统。京东集团在全国范围内已经建立了七大物流基地，遍布东南西北各个方向，促进了采购规模的形成。京东集团在物流配送的速度上做到了极致，推行的限时达、次日达和急速达，满足了客户购物的即得感，这是同行业的一些电子商务平台所不能实现的。

其次，京东集团的商品价格较低。因为其没有线下店铺，不需要租赁和装修门店，这样减少了大量的销售人员，为其节约了一大笔工资开销。同时，京东集团在遇到不予降价的品牌商时，就开展赠送优惠券、联合促销等优惠活动来吸引客户。京东集团的商品价格优势，一方面，来自供应商，从二级代理做到一级代理，减少了经营环节；另一方面，其善于通过调整自身的业务流程来降低运营成本。京东集团在产品价格上的优惠并不影响产品质量，保证所销售的产品都是正品，保证消费者获得与实体店一样的服务质量，它保证消费者可以随时投诉卖家店铺。在付款方式上京东集团也比较贴心，分别对传统消费者、网购消费者和资金紧张的消费者开通了货到付款、在线支付和分期付款这三种便捷的支付方式。

最后，消费群体定位明确。京东集团客户群体主要按需求、年龄和职业来分，在需求上的客户主要包含对电子商品、通信产品、计算机的需求，这部分人群大多集中在25岁至35岁，主要以白领、在校大学生、公务员和一些没有时间逛街的网络爱好者为主。这一群体不仅消费欲望大，而且购买能力强。其中，在校大学生将会成为京东集团客户群的潜力股，在他们步入社会后将会成为京东集团的一个主要客户群体。对客户进行明确定位减少了京东集团盲目拓展业务的支出，使京东集团有方向性地去发展供应商，有效提高了其资金的使用价值。

（二）京东集团电子商务的劣势分析

尽管京东物流与一些大规模的企业合作，其自建物流的仓库分布广，但相对于已经处于成熟期的卓越网和苏宁易购来说，京东物流还有许多需要学习的地方。苏宁易购线上销售虽然开启得比京东集团电子商务晚，但它在商品配送方面远比京东集团电子商务要发达得多，京东集团母婴商品和服饰商品的供应商在数量上也要少于苏宁易购。相对于卓越网来说，京东集团自建仓库的时间较晚，在经营时间上缺乏优势。卓越网在2004年就拥有了自己的物流仓储，而且物流配送体系相当完善。目前，京东集团自建物流虽已完成，但耗费了大量的资金，会影响其以后几年内的盈利和发展。

京东集团的网银支付与支付宝相比，支付手续烦琐，安全性没有支付宝第三方担保更能让消费者放心。虽然京东集团开设了货到付款、POS机刷卡等便捷的支付方式，但对于价格较高的商品，货到付款显得十分不方便，并且延长了收款周期，使企业流动资金的运作处于不利地位。

（三）京东集团电子商务的机遇分析

在这样良好的发展环境下，京东集团要抓紧时间合理分配和管理自身的资源，将企业资源计划管理软件快速投入工作中，有助于其减少自身的成本，增加利润率。

目前，京东集团的"亚洲一号"物流很可能成为其以后在零售商之路上的加速器，为其未来在零售商中占据有利地位奠定良好的基础。我国电子商务的发展在2015年进入了鼎盛时期，线上购物的销售额也在飞速增长，作为电子商务领军企业之一的京东集团,也可以从中获取良好的发展机会。此时,电子商务企业联盟的出现,打破了以往电子商务企业之间单打独斗的局面。电子商务企业合作机会的增加,有利于企业之间交换各自所需的信息,提升自身的竞争优势。

(四) 京东集团电子商务的挑战分析

产品之间的相互替代会使不同的企业或行业之间出现不可避免的竞争压力,企业之间的竞争战略就会受到这种替代品带来的影响。京东集团在当前的发展形势下虽然占据了优势,但是在这个网络快速发展的时期,一些传统购物直销方式和电子商务网站的迅速兴起,提供给消费者的选择越来越多,京东集团在今后的经营中可能会被这些企业所取代。京东集团电子商务面临的竞争对手也来自各个方面。在消费者市场方面,京东集团电子商务面临着与淘宝网这个强大的电子商务平台的竞争,还与当当网经营的商品有很多相同之处。与垂直型网站的凡客和好乐买相比,京东集团电子商务在扩充商品类别方面遇到了劲敌。苏宁易购的建立使没有在线下发展的京东集团电子商务面临着不小的挑战。

四、京东集团电子商务盈利模式

(一) 京东集团电子商务盈利模式的类型

1. 直接销售收入型

京东集团电子商务的线上销售商品种类超过 3 万种,商品的销售价格比线下实体店要便宜,其采取与供应商之间的现货现结这种方式,缩短了存货周转率,费用率相比其他电子商务平台减少了 6%,这样一来京东集团通过赚取采购价和销售价之间的差额,在电子商务企业竞争中占据了较大的价格优势。每个企业想要发展,必须遵循三个要点:销售高质量的产品、保证良好的企业形象和不断的创新意识。消费者在购物中主要在意的就是产品的质量和价格,京东集团的低价保质策略在现阶段较为有效,但长久下去,京东集团想要做大做强还要在价格上不断创新、不断改进。

2. 虚拟店铺出租型

京东集团电子商务可以为经销商、供应商、专卖店和其他电子商务网站等优质商户提供网上商店,并为这些商户提供完整可靠的供应链协助与管理。京东集团电子商务根据不同的经营层次收取不同的租金,其虚拟店铺出租费由产品登录使用费、店铺租赁费和交易手续费这三部分组成。京东集团电子商务通过虚拟店铺出租这类盈利模式来赚取一部分资金,但与淘宝网相比,京东集团电子商务的虚拟店铺并不能吸引大量的经营者进驻,这是京东集团要向淘宝网取长补短的一点。只有不断吸取别人的优点,并灵活运用这种优点,才能在以后的电子商务发展之路上继续保持领先的地位。

3. 资金沉淀收入型

资金沉淀在企业盈利模式中占据重要的位置,具体是指利用采购价与销售价之间的时间差产生的资金进行再投资的盈利模式。现在大部分电子商务企业在发展中经常采用资金沉淀这一盈利模式。京东集团电子商务通过与财付通、快钱和汇付天下的合作,在时间允许的情况下缩短资金流动周期,利用资金沉淀来扩大企业的生产规模。目前,京东集团电子商务的存货周转率为12天,与国美、苏宁易购的55天相比占据较大的优势。但是,要想在电子商务行业中脱颖而出,京东集团电子商务还需要寻找强大的资金支持,找到心仪的合作伙伴或者实力雄厚的队友,与其强强联手才可达到互利双赢的理想局面。

4. 广告收入型

广告费的收取就是第三方商家在京东集团电子商务的页面上展示广告位的使用费。目前,京东集团电子商务的广告和品牌促销等活动取得的收入占其利润的30%。据资料显示进驻京东集团电子商务平台的销售商基本上都有上亿元的销售额,产品质量和价格也都相对合理。京东集团研发提供第三方平台商家使用的广告系统,今后也将逐步运用在商业广告平台中。相信在不久的将来,京东集团电子商务在广告收入这方面获得的利润会不断增加。

(二)京东集团电子商务盈利模式的演变

一个企业的战略变化,必然会引起这个企业商业模式、盈利模式的变化。一个企业只有与时俱进才能走得长远,变得强大。京东集团总体战略是从"一体化"到"一体化开放",从"有界零售"到"无界零售"战略。京东集团重大战略有七次变革,其盈利模式也匹配其战略决策的变化而变化,下面来具体分析京东集团的盈利模式变化。

1. 垂直 B2C 盈利模式

从京东集团关掉传统实体店转为纯互联网零售企业开始到2010年以前,京东集团的盈利模式主要是以信息家电产品为主营业务的垂直B2C模式。这种模式的主要利润来源是销售收入,从厂商直接拿货到电子商务平台上销售,赚取采购价与销售价之间的差价。由于网上商店节省了人工费、租金、营销费等,这种盈利模式主要靠成本优势来获得利润。此种模式便于管理,产品质量和服务更加专业化，容易有优质的客户体验和高度的客户黏性。但此种盈利模式利润来源单一、市场有限、规模有限、用户有限，适合规模较小、主营产品单一的电子商务企业。其成本分配主要是在完善供应链和提升服务体验方面，提高物流速度和交易效率，完善售后服务，保证用户体验。

2. 综合 B2C 盈利模式

从 2010 年 11 月开始，京东集团从信息家电专营转为全品类经营，从小家电产品转向家电、百货、图书、旅游、汽车、机票、酒店等全品类，自此京东集团开始了综合型 B2C 盈利模式。转为综合型 B2C 盈利模式后，虽然其利润来源还是以销售收入为主，但收入渠道明显拓宽，可以打"组合拳"，获得更多的利润，带来产品长尾效应，可以更好地满足客户不同的需求，获得更多的客户体量，有助于京东集团未来更长远的发展。

当然，凡事都有两面性，其带来的压力和挑战也很明显。一是商品种类繁多，不利于对产品质量的控制；二是供应链庞大、复杂很多，运营成本必然剧增；三是销量的增加给仓储、客服等带来了压力，同时对物流、运营管理也提出了更高的要求。所幸京东集团一直都在自建物流上投入巨大的精力和资金，在这一硬件要求上，京东集团已经在深谋远虑地布局。

3. "自营 + 平台" 盈利模式

综合型 B2C 在发展壮大过程中势必需要平台，进而走向平台型 B2C 之路。京东集团在从垂直型 B2C 转为综合型 B2C 后不久，就开通了 POP 平台（第三方商家店铺）。开通 POP 平台之后，京东集团的利润来源明显丰富了很多，由之前较单一的以销售收入为主到现在的多种类收入来源，如销售收入、广告收入、虚拟店铺出租费收入等。"自营 + 平台" 盈利模式更加有利于京东集团整合自身现有的资源，将其现有的资源、能力提供给产业链上下游的各商业用户，使电子商务平台的整体运营效率得到大幅度提高。当体量达到一定规模后，"规模效应" 会使成本分摊走低，从而持续降低企业的运营成本。虽然 POP 平台有如此多的优点，但是它的缺点也需要得到重视。首先，它与企业的文化及管理制度结合程度不高，容易在产品质量、服务体验等方面出现问题，从而影响电子商务平台的品牌形象，带来信用成本的增加。其次，它的作用需要达到一定规模才能显现出来，需要花时间和成本去发展商家数量。但相比于自营零售，京东集团只是交易平台的提供者和商业合作者，在运营管理方面，京东集团只需要做好平台的管理、维护与推广工作即可，从长远来看，其发展容易形成良性循环，对其盈利模式的影响利大于弊。

4. "零售+金融"盈利模式

2013年7月，京东集团成立了京东金融，它是在依托京东商城不断做大做强的形势下应运而生的。在涉及金融领域后，京东集团就意识到了金融业务的重要性和金融市场的高收益性，非常重视其在金融领域的发展与成长，将它定位为与京东商城平行的又一大主要业务板块，以期为整个集团的盈利提供强大的助力。京东金融发展到现在，确实成了京东集团的另一大利润中心。一方面，它配合京东集团的无界零售战略，做无界金融、无界支付，最终凭借技术串联起整个京东集团生态的所有模块，融会贯通，成为京东集团实体经济的润滑剂。另一方面，京东金融依托京东集团的零售业务，以数据和技术等为基础，对外提供各类金融服务和科技协助服务，从而实现多方共赢。

5. "本土+跨境"盈利模式

根据京东数据研究院发布的《2017"一带一路"跨境电商消费趋势报告》显示，信息家电产品及家居用品是最受海外消费者青睐的中国商品，而且信息家电产品位列前三位，销售占比57%。而京东集团是做信息家电产品起家的，在信息家电产品领域已经有了良好的品牌基础，对于搭建跨境电子商务平台，京东集团是实力与机遇并存的。一方面，京东集团可以通过国内消费者的跨境交易获得差价收入来源；另一方面，京东集团又为本土企业产品"出海"提供了平台。一来一去，京东集团不仅拓展了海外市场，而且增加了收入渠道。虽然搭建跨境平台会增加运营成本，但立足于京东集团的国际战略布局，此步骤是有必要的。

6. "线上+线下"盈利模式

随着"第四次零售革命"的到来，京东集团开始了"无界零售"的战略布局，线上与线下大融合，由此也引起了京东集团盈利模式的改变。京东集团在2005年关闭所有的实体店专注于电子商务后，就没有再涉足线下实体店，盈利模式是纯电商盈利模式。在布局线下信息家电产品和生鲜产品实体店后，京东集团开始了"线上+线下"双线盈利模式。并且随着各大电子商务企业O2O业务的快速布局，京东集团想发挥其供应链、物流、技术等的优势转型为基础设施提供商，从而获得更多的增值服务性收入。

7. "零售+金融+物流"盈利模式

近年来，综合电子商务不断加码物流和金融，基本已经形成"零售+金融+物流"三驾马车共同驱动的商业形态。这种模式也是当下京东集团正在运行的盈利模式，同时它也是其他电子商务平台逐渐跳出单一电子商务零售模式想要达到的一种业态。

（三）京东集团电子商务盈利模式的构成要素

1. 京东集团的价值对象

价值对象是企业唯一的利润来源。在经营初期，京东集团电子商务运用的是垂直型的营销模式，主要销售的是计算机、通信和消费类电子产品，所以，京东集团电子商务的目标客户群体集中在对信息家电类产品的需求领域。京东集团电子商务在之后的不断发展和创新过程中，开始扩大自己的经营范围，开始向生活用品和书刊等类型上发展，逐渐步入了综合类百货零售的领域，其目标客户和目标市场也逐渐转向了线上的消费者群体。

2. 京东集团的价值主张

京东集团在经营初期，需要尽快调查出消费者的基本需求，在这个基础上再给予客户实在的产品价值，这样才能达到企业与客户共赢的良性局面。京东集团电子商务从一开始就是坚持以纯电商的模式运营，减少中间商的参与，及时为客户提供价格优惠且质量优良的商品，确保客户在第一时间享受到满意的服务。京东集团的使命就是让购物变得快乐并简单，为此，京东集团电子商务从最初的信息家电产品经营转向综合类网上零售，产品种类提升至数万个品牌，为客户提供了更大的购买空间和选择空间。同时，京东集团电子商务还十分注重消费者的购物体验，为此制定了新的服务体系，通过货到付款、POS机刷卡、211限时达、上门取件、24小时客服电话、全国联保、先行赔付、价格保护、延保服务等一系列贴心的服务，为消费者提供便捷的购物环境和较好的利益维护，并不断优化客户服务质量。

3. 京东集团的价值创造

在传统情况下，一件商品从初始形态至到达消费者手中，经历了整个流通环节，由于成本的增加，所以其到手的价格会增加不少。而线上销售商可以通过减少流通环节来降低销售商品的价格，高效地满足消费者的需求，从而吸引更多的客户。

在京东集团电子商务销售商品的前期，必须要确定产品的种类、产品未来的需求量、产品的质量、供应商的合作级别等，这些都关系着产品能以什么价格买进并影响着京东集团电子商务的价值创造。京东集团电子商务的成本控制也影响着其价值创造，每一个产品流程的细节都决定着其成本的高低。比如，企业要考虑以怎样材质、怎样方式去包装商品，才不会造成材料的浪费，并使包装合格和低费用之间达成双赢。同时影响价值创造的还有企业的线上信息体系，具体表现为多样化的支付方式、安全的品质保障、个性化的服务、快捷的购物环境和流畅的售后服务等方面。京东集团电子商务就是运用低价商品这种方法来实现客户数量优势的，这是京东集团在众多电子商务企业中领先的原因之一。

4. 京东集团的价值实现

京东集团电子商务的收入来源归结为以下几点。

首先，商品推广解决方案收入。当下电子商务企业较为主流且稳定的推广渠道就是商品推广解决方案模式，这种模式是通过推广产生有效的订单后进行比例分成。京东集团的线上商家根据商品实际销量的固定比例，来支付相应的广告费。这是一种零风险的经营方式。也就是说，如果京东集团电子商务的消费者有效购买了商家的商品，商家才需要支付广告费，如果此商家的产品没有购买量，商家就不需要支付广告费。

其次，平台使用费。我国电子商务的经营趋势逐渐偏向线上平台的开放，京东集团早在前几年就已经开启了线上销售平台。线上平台的收入来自两个方面：一方面是收取平台使用费这一个项目；另一方面是收取物流配送费和平台使用费两个项目。第一种是由于商家自身带有物流配送服务，所以不需要企业亲自配送。京东集团电子商务通过与其他企业联营，其联营商品可以更好地利用其物流为客户服务，进一步提高了京东集团仓储的使用率。线上平台的建立有利于京东集团电子商务完善其收益环境，提高其销售量。

最后，仓储物流使用费。2016年，京东集团的仓储物流体系基本建设完成并投入使用，这可以为京东集团电子商务在未来的物流出租项目上赚取理想的收益。

5. 京东集团的价值保护

在日益增长的激烈竞争中，京东集团正在努力地保护自己的地位不被取代，具体表现如下。

首先，京东集团一直以来都在用心组建一支优秀的团队，其团队中的核心成员都具有热爱企业的精神，跳槽的概率几乎为零，并且其核心成员都具备十年销售硬件渠道的经验，这是京东集团值得骄傲的地方。近几年，京东集团以人为本的核心理念被深深地注入企业文化里，并加强了高管和管培生的培训，以赠送股份等形式来稳定和巩固内部员工。

其次，京东集团信息系统的管理。京东集团强大的信息系统由资金流、信息流和物流三者完美集合而成，京东集团的信息系统提高了其整个供应链的效益，使其通过减少产品流通过程的中间环节，减少其流通环节的成本，为消费者让渡更多的价值，从而使消费者买到物美价廉的商品。

随着京东集团不断发展壮大，其逐渐注重对数据的分析，通过数据分析来使商家更有针对性地提供商品，也使消费者能买到自己满意的产品。这个智能化的数据时代为京东集团开启了新的盈利大门。

6. 京东集团的配送体系

由于京东集团的销售扩张，以前的物流早已跟不上其经营发展的速度，在配送服务方面收到了许多来自消费者的投诉，所以京东集团将大量的融资资金投入自身的物流配送体系建设中。今后，京东集团电子商务的物流配送体系能够实时记录一件商品从消费者完成订单开始到配送结束这个过程中的每一个环节。京东集团拥有这样强大的信息系统，使其细节流程效率高、成本低，这也是京东集团商品的优势。

五、京东集团电子商务盈利模式的优化建议

（一）设法扭转亏损

通过对京东集团亏损的原因进行分析得出，主要原因是其牺牲利润去进行市场、产品和物流规模的扩张。下面通过两个方面对此给出优化建议。

1. 合理扩张

京东集团从 2007 年开始自建物流到现在，一直在大力投建物流仓储。而随着京东集团零售业务范围的不断扩张，物流规模也需要随之跟上去，需要投入的资金会越来越多，所以京东集团不光把巨额融资投进去，还把大部分收入所得也放在了物流体系建设上，而物流至今又没有带来规模性收入，其投入和产出完全不成比例，对物流的投入成了京东集团亏损的主要原因，所以京东集团在物流规模、市场和产品的扩张上不能太心急，应该站在可持续发展的高度对其投入与产出比进行合理规划，量力而行，尽可能在其利润能够承受的范围内进行投资与扩张，使其处在一种健康的、良性的状态下运转和发展。京东集团如今的"无界零售"战略，又开始了新一轮重资产的投入建设，线下体验店"京东之家"和"7FRESH"的规模布局，也需要大量的资金投入。对于这一轮的战略扩张，京东集团同样需要兼顾好规模和利润的关系。

2. 提升环节协同效率

产品和规模一旦扩大到一定程度，对企业营运能力和管理水平的要求就会大大提高，只有营运管理水平提高的速度与规模扩张的速度相匹配，才能顺利把规模变成经营业绩和竞争优势，而不是随着规模的扩大出现的问题越多。电子商务价值链涉及很多环节，如采购、仓储、销售、物流、品牌、客户、市场等，各环节之间是相互联系、相互影响，并且需要相互配合才能高效运转的一个整体。每个环节都有自己的核心要素，如采购环节的成本、仓储环节的周转、销售环节的价格、物流环节的速度、品牌环节的价值、客户环节的体验、市场环节的占有率，只有各环节资源配置及利用效率达到最优化，并且各环节之间协同配合、提高协同效率，才能实现整体运作效率最优，企业整体运作成本最合理，从而为企业带来更大的盈利。

（二）提高营收增长率

通过对京东集团营收增长率下降的原因进行分析可知，主要原因是主营业务已过高增长，而又没有其他高增长业务收入。下面通过两个方面对此给出优化建议。

1. 转变战略思路

现在，电子商务零售市场发展速度逐渐变缓，当新用户的增长逐渐触顶"天花板"时，流量红利期已过成为事实——流量从"增量市场"过渡到"存量市场"，然而企业还是要发展、要增长。对于主营业务即自营零售业务，既然靠增加人头来扩大规模走不通了，就需要转变战略思路，转向后方的精耕细作，稳固现有消费者黏性，培养忠实用户，把现有存量流量价值最大化，深度挖掘用户价值——靠提升单位流量的价值来拉动增长，如基于精耕细作的客户关系管理、踏实而稳健的品类及业务扩张、通过数字化重构供应链。精细化会让京东集团的基础业务更加稳固，为其他方面的发展提供坚实的后盾支持。

2. 促进基础设施全面对外开放

（1）京东物流

京东集团在众多的质疑声中做了自建物流这一重大决策，经过多年的努力，现在终于把这座大山拿下，并形成了规模，在这一点上，国内其他任何一家电子商务企业都无法与京东集团相比。如今京东物流配送的效率和速度成了它的一大竞争优势，不仅可以提高对现有零售业务商品流通的管控性和专业性，而且京东集团如今正在寻求转型为基础设施提供商，而以京东物流的对外开放为切入点是一个不错的选择。京东物流扩张要适度，现在更重要的是要用好物流，加快其全面对外赋能开放。用对外赋能收入，一方面，弥补其高额的物流投入，形成规模效应，降低企业的流通成本；另一方面，增加物流服务规模收入，使它成为京东集团有别于其他电子商务企业的一大业务增长点。

（2）京东金融

各类金融业务的开展都需要根据有关规章制度申请业务牌照，这其中需要符合各类牌照的相关资质条件和专业性要求。首先，京东集团需要提升金融服务的专业水平，拿到金融服务牌照，扩大业务品类和范围，形成业务规模。其次，金融行业竞争激烈，各类金融机构和非金融机构鳞次栉比，在有资格开展金融业务的条件下，京东集团应该寻求特色化服务、差异化经营，使京东金融的开放服务规模中有特色，特色中有规模。虽然起步较晚，但作为大型电子商务企业，金融业务又属于轻资产业务，京东集团不能不去抢占金融这个大市场。

（3）京东云技术

在2016年，阿里巴巴和亚马逊的云技术服务，已经成为它们新的强劲的收入增长点，而京东云技术创造的收入至今都不显著。在这个信息化发展迅速无比的时代，信息技术发挥着越来越重要的作用，而市场有限，京东集团本身已经落后于阿里巴巴集团，所以更需要对这方面加大投资力度、加快研发步伐、增强开放服务能力，使京东云技术这项轻资产快速成为京东集团不可小觑的收入和利润增长点。

（三）提高毛利率

通过对京东集团毛利率低的原因进行分析可知，其主要原因是价格低、成本高，而高毛利率的平台服务收入比重又不够高。下面通过两个方面对此给出优化建议。

1. 增收减支

京东集团站在电子商务企业的角度，由于电子商务零售成本要比实体店更低，如果还追求高毛利率就失去了电子商务的本质和特色，所以京东集团一直以来不追求高毛利率，甚至是牺牲毛利来扩大销量和规模。在毛利率的对比中，京东集团的毛利率过低，在京东集团长期并没有盈利的情况下，这就成了影响京东集团运营和发展的一大问题了。自营零售卖的是别人的产品，在高于成本的基础上，同样的产品谁有办法卖得更低的价格，谁就有可能卖得更多。迫于同行业的竞争压力，京东集团经常牺牲自身毛利与竞争对手打"价格战"，而打"价格战"对于京东集团的收入增加和品牌建设都无益处，所以京东集团需要改变低价营销策略,不打"价格战"。在不能一味低价的基础上,一个零售企业需要掌握的最重要的能力就是无论如何都要让自己的成本比别人更低。当进货成本降不下去了,就深度挖掘客户其他方面的需求,从其他方面去降低成本或者显示出京东集团产品的优势,而不是一味地靠低价这种简单粗暴的方式来获得竞争优势。在进货渠道、服务、运营成本严重同质化的商业环境下,京东集团想在竞争中获得更多的收益,那就需要在增收减支上下功夫,想办法适度提高售价,尽力降低成本,加大差价空间,从而把过低的毛利率提高上来。

2. 继续发展平台商家

给第三方卖家开放平台,京东集团自身不参与经营,只是作为其他商家交易平台的提供者和利益共享者,相对于它的低成本,平台收入的毛利率比自营收入高很多。京东集团通过自营零售积累了用户规模和电子商务品牌,以此作为流量基础,辅以其他的有利政策,如物流、营销、云计算等有利优惠条件,去吸引更多的第三方商家入驻京东POP平台,尽量让POP平台的收入占总营收更大的比例,从自营零售商向平台提供商靠拢。这不仅可以降低成本,提高毛利,还能充分利用京东集团自有设施和技术资源,是增收减支的一举两得的好方法。

(四)创新盈利模式

创新盈利模式是涉及京东集团未来发展的重要方面。京东集团目前收入增长点主要是电子商务平台零售业务,接下来可以期待京东金融、京东物流和京东云技术未来有多大的创收能力。但是除了京东物流对于京东集团来说有较大特色和优势外,零售市场发展逐渐放缓,京东金融和京东云技术也是扮演"追赶者"的角色。随着其他各大电子商务企业纷纷开始投资物流,京东物流的差异化和优势被缩小。

由此看来,立足未来,京东集团需要提高自身的创新能力,而不是跟着市场走。应找到自己的定位,战略布局新领域,寻找新业务,如现在迅速发展的"社交电商"盈利模式等。在接下来的"无界零售"战略中,京东集团应该抓住时机,培养更加敏锐的市场反应能力,从中寻找新的高增长创收点,将线上与线下更加完美地融合,尽量去做市场的"领跑者",而不是"追随者"或者"追赶者"。

(五)提高品牌竞争力

1. 不打"价格战"

对于低价策略的实施,京东集团可以作为广告宣传的手段之一,作为短期内提高订单量和客户量的权宜之策，但这不是长久之计，不能长久为之。随着生活水平的提高，消费者越来越追求产品的品质与特色，京东集团需要改变其对于低价营销策略的偏好，改变产品在消费者心里一味低价的定位和印象，避免打"价格战"。最好的、最有效的方法是走差异化道路，注重产品与服务创新和个性化的营销手段及产品定位，不挑起"价格战"，诚信经营，良性竞争，建立良好的品牌形象，这样才能走得更远更稳。

2. 保证产品质量

京东集团一直以"正品、低价"作为宣传口号，而事实上京东 POP 平台的第三方销售商经常销售一些质量不过关的产品给消费者，消费者并不会去管这个产品是京东集团自营的还是第三方销售商的，产品有质量问题，肯定是会直接找京东集团电子商务平台的售后部门寻求解决。如果总是以产品是第三方销售商的，而不能够提供让消费者满意的解决方案，次数多了，消费者会对京东集团电子商务平台失去信心，犹如"好事不出门，坏事传千里"，树立好口碑很难，失去好口碑则是顷刻间。所以京东集团必须狠抓产品质量，对于自营业务，加强对商品的采购、渠道、销售、配送这一全套的监管，防止假冒伪劣产品危害消费者，对自己的承诺负责。对于第三方销售商的产品，也必须严格执行检测标准，对于假货严惩不贷，为消费者提供一个干净安全的消费环境。用质量的保障来保住消费者黏性比靠低价留住消费者体量来得更稳固、更长久，这就是消费者愿意为之买单的品牌效应。

3. 提高服务水平和用户体验

作为电子商务零售平台，除了要保证产品质量之外，很重要的一方面是服务水平和用户体验。在网络购物日益成为消费者主流购物方式之一的环境下，在同样无法提前确定产品质量的条件下，购物体验与服务质量成了消费者网购的一大需求以及选择购物平台的一大因素，用户体验的竞争也早已成为各大电子商务企业的一大竞争点。售前网购服务的高效性、及时性，售中物流配送的高效率、高质量，售后退换货的便捷性、满意度等，这些都是满足用户体验的方面，而这些都取决于服务水平。不管是售前、售中，还是售后服务，都需要保证客服人员的服务意识和服务质量。只有从商品价格，商品质量，物流快递，售前、售中、售后服务等全方位提升用户体验，进一步稳固京东集团的品牌形象，提高品牌竞争力，将"价格战"逐渐向"价值战"转变，才能保持并扩大市场份额。

（六）注重服务转型

POP平台规模、收入毕竟有限，除了第三方平台收入之外，更重要的是要发现其他的"轻"型收入来源，如亚马逊在2011年意识到了电子阅读器和平板电脑技术成熟以及人们的使用习惯，相应的数字内容订阅量大大增加的商机，并抓住了这一消费趋势，给亚马逊带来了强劲的增长动力。

在如今的信息化时代，2016年，京东集团和亚马逊又因云技术服务获得了强劲的增长动力。京东集团在盈利模式"变轻"方面就相形见绌了。随着"第四次零售革命"的到来，京东集团需要在这方面持续发力，抓住变革时机，实现从"一体化"到"一体化开放"的战略转变，实现京东集团的盈利模式从"零售商"向"服务全社会的零售基础设施服务商"转型，让京东集团沉淀多年的物流、金融、技术等对外开放提供服务。除此之外，京东集团还应该努力去发现"轻"型领域的其他"轻"型业务。如果能够转型成功，京东集团整体无疑会从"重"变"轻"，会从"零售商"转为"服务商"，那么服务收入也会成为京东集团的主营业务收入，京东集团也就实现了借助重资产跳板最终成为高效率、高增长、发展动力强劲的"轻"型企业。

六、京东集团电子商务企业财务绩效优化建议

（一）寻找新的盈利点，提高盈利能力

在京东集团战略转型财务绩效分析过程中，我们得出京东集团在战略转型后，现有的盈利模式和营业范围已经很难带动其再一次实现扩张式发展。要想保持稳定、高速的利润增长速度和扩张速度，京东集团的战略转型必须继续以发展主营业务为重点，针对目前主营业务毛利低的现状，积极寻找新的盈利点，从而提高其销售毛利，转变薄利多销的销售模式，提高其盈利能力并扩大其盈利规模。

京东集团在过去的战略转型过程中，通过对外开放第三平台、提升物流服务水平等方式，为其带来了新的盈利点，改变了京东集团营业收入的结构。但是这些新的盈利点在日益激烈的竞争中，拉动其盈利能力大幅上升的作用越来越弱。因此，京东集团在今后的转型过程中，应该继续寻找新的盈利点，改变落后的盈利模式，使其盈利能力上升一个台阶。

（二）重视制造成本，降低营运成本

近年来，原材料价格上升导致产品制造费用增加，从而使企业营业成本上升。随着京东集团销售规模的不断扩大，营业成本限制着其利润上涨，再加上

京东集团自营产品一直坚持低毛利率、保正品的销售特点，产品制造成本的上涨会对其盈利能力的提升产生非常不利的影响。同时，京东集团在战略转型过程中对物流、金融、科技的大规模投入，极大地增加了企业的营运成本，造成京东集团多年连续亏损的局面。因此，为提高战略转型成效、提高京东集团的盈利能力和营运能力，京东集团在进一步转型过程中应该采取相应措施控制甚至降低产品的制造成本，并适当控制每一季度和年度的营运成本，尽量避免因某一战略转型措施导致多年巨额亏损的情况发生。

（三）调整融资结构，实现债务融资多样化

京东集团的战略转型主要依靠短期债务进行资金支持。而京东集团战略转型大多为投资巨大且回报周期长的长期项目，这会给企业造成严重的偿债压力，甚至会影响企业的正常健康发展。因此，在企业的战略转型过程中，应该注意合理调整融资结构，实现债务融资多样化，短期债务与长期债务合理分配，这样才能有效降低企业的偿债压力。

像京东集团这样的电子商务企业，可以通过分拆上市的方式获得股权融资。比如，京东物流、京东数科等子公司，在还未完全开发完成之前，可以进行独立经营，积极谋求上市，以为后续发展获得股权融资。京东集团作为行业内的知名企业，其管理团队可以利用强大的人际关系和谈判能力来获得融资赞助。

（四）科学合理定位，防止盲目投资

京东集团在战略转型过程中，不论是对内投资还是对外投资，都存在一定的盲目性。在对内投资中，由于没有进行合理的定位，盲目投资互联网金融，大量的成本投入并未取得良好的资金回报。在对外投资中，收购与自身追求低价正品的战略目标相违背的拍拍网，未进行合理估价而投资易车网，最终都使京东集团遭受重大损失。

企业在对内投资时，应该做好科学合理的定位，以及充分的市场调查，不能随波逐流，看见别人投资什么自己也去投资什么，应该结合自身发展特点和内部资源条件，选择适合自己的或者未来有市场前景的项目进行投资，打造自己的特殊优势，而不是一味地激进投资。在对外投资时，应选择与自己战略目标相匹配的项目，充分进行评估与估价，避免出现短期内大额减值的情况。

（五）明确自身目标，分步完成转型

企业进行战略转型要根据自己的实力和现有资源进行，要对自己有准确客观的定位和认识。由于京东集团长年一直处于战略转型过程中，前期投入的资

本还未发挥应有的转型效应时，后期的投资已经投放到市场上。这样持续不断的战略转型很容易造成企业管理层对企业的分析和认知出现偏差，过分高估或低估企业的转型能力，造成盲目转型或者过于保守。京东集团持续大额投资有可能会导致其在短期内出现财务危机。因此京东集团应该分步进行战略转型，给企业留下一定的消化和转化时间。京东集团在今后的战略转型中，应有一个明确的定位和长期稳定的目标，不要盲目地紧随经济环境的变化。

第二节 企业财务会计管理模式的具体应用
——以当当网为例

一、当当网的经营模式

当当网在成立初期是以网上卖图书为主的单一经营模式，2010年年底，京东商城上线图书频道，强烈冲击当当网的腹地——图书在线销售，经历几轮"价格战"后，当当网无力招架开始反思其经营模式，自此由专业化向多元化扩张，进军母婴、信息家电、服饰等领域，成为B2C电子商务经营模式的典型代表企业，也是我国最早产生的B2C电子商务综合性购物网站企业，也即企业与个人消费者之间进行商品或服务交易的电子商务模式。它销售的商品几乎包括所有的消费品，还可提供各类在线服务，如远程教育等，属于自营模式加平台模式的综合性购物网站。其中，自营部分对于商品种类和品质的把控力、供应商的筛选与组织、库存与资金周转的调配、经营能力和运作效率都有很严格的要求。自营模式的盈利核心在于商品规模化采购，对单位进货成本及物流仓储成本的有效降低以及对研发技术、营销获客和管理费用率的合理把控。

在物流配送方面，当当网建立了较庞大的自营物流体系，出单出货速度快并且配送价格较低，总体来说顾客体验感较好。在支付方式方面，当当网在成立初期货到付款的交易模式占据总订单量的80%，该方式与人们"一手交钱，一手交货"的传统思维模式比较符合。随着电子商务的发展，传统货到付款的支付方式逐渐被淘汰，现如今当当网采用了第三方支付平台的方式来进行交易，先付款再发货的形式打破了电子商务的信用瓶颈。

在信息交流方面，当当网在智能客服和人工客服等工作人员的配备上相当保守，相比其他电子商务企业，为数不多的服务人员在对交易中一些程序上的事务进行解释等事项上难以针对商品细节问题给予更多的交流和展示。在即时通信系统方面做得不如其他典型的B2C企业。

在商品的价格和种类方面，当当网的策略是定制百货，在百货品类避开与实体企业的正面竞争，通过与生产商直接联系的方式减少中间环节，节省成本费用，并且向客户提供实体店没有的独家产品。

二、当当网的财务会计管理模式

（一）当当网财务会计管理模式概述

对于电子商务企业来说，由于其生命周期发展较快，每个发展阶段都有自身强烈的个性特征，因而不同时期对财务会计管理模式的要求和选择也不尽相同。本书对于当当网的财务会计管理模式将就成立初期（1999—2009年）、成长期（2010—2015年）、稳定期（2016年至今）这三个阶段进行阐述，并以稳定期为重点进行分析。

1. 成立初期（1999—2009年）

就社会发展现状来看，此时国内电子商务网站处于探索萌芽状态。2000—2002年行业格局受到互联网泡沫等因素影响而产生大洗牌，超过三分之一的网站和电子商务公司化为乌有。2003—2005年国内电子商务在经历了"非典"这个漫长的寒冬后，行业发展迎来了春天，大批网民逐步接受了网络购物的形式。

此时当当网虽然同样处于探索的萌芽阶段，但其及时抢占国内市场先机，全面扩张并推出第三方平台。之后，电子商务成为热门行业，出现诸多效仿者。在资本管理模式上，当当网以风险投资为主要的筹资方式，2006年当当网获得了第三轮融资270万美元，由著名的风险投资机构联合出资，奠定了当当网可持续发展强有力的基础。就财务会计管理模式而言，当当网于2007年引进了全新的企业资源计划系统，同时设立独立的财务部，与企业其他部门明确划分职能界线，设立类似于以财务为中心的共享结构组织模式。就预算管理模式而言，当当网以资本预算为中心。就财务组织模式而言，当当网以事业部为核心构建管理组织结构，即不同的业务类型可划分为不同的事业部，由总经理和董事会集中领导，具体管理职能和权利则以相对应的部门进行划分。联合创始人李国庆负责内部运营、技术、市场、采编，俞渝负责资本运作和行政人事，两人任职企业的联合总裁。此时当当网的财务会计管理模式类似于以电子商务环境为基础的传统企业集中式财务会计管理模式，财务组织分权状况有限，李国庆和俞渝掌握了企业的绝对控制权。其项目组的财权十分有限，根据财务核算，新项目若未达到盈利预期、成本过高或者是盈利没有在预期时间内实现，李国庆则可以直接叫停该项目。这种较低分权程度、过高集权程度的财务会计管理模式，在电子商务企业当中极为少见。根据以上情况，当当网早期财务会计管理流程几乎是围绕李国庆夫妇而言的，流程图如图7-1所示。当当网初期财务组织模式如图7-2所示。

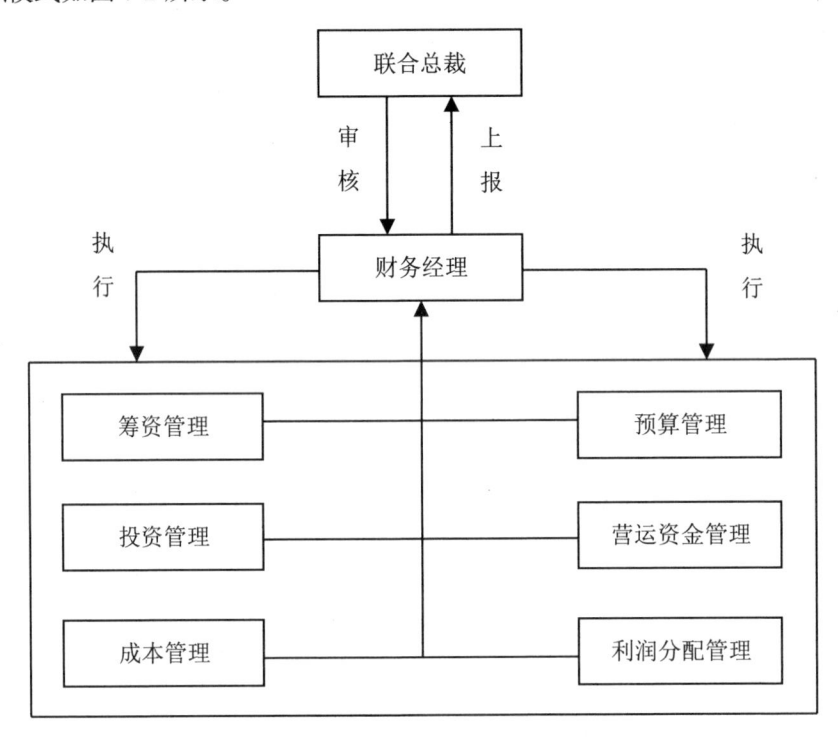

图 7-1 初期财务会计管理流程

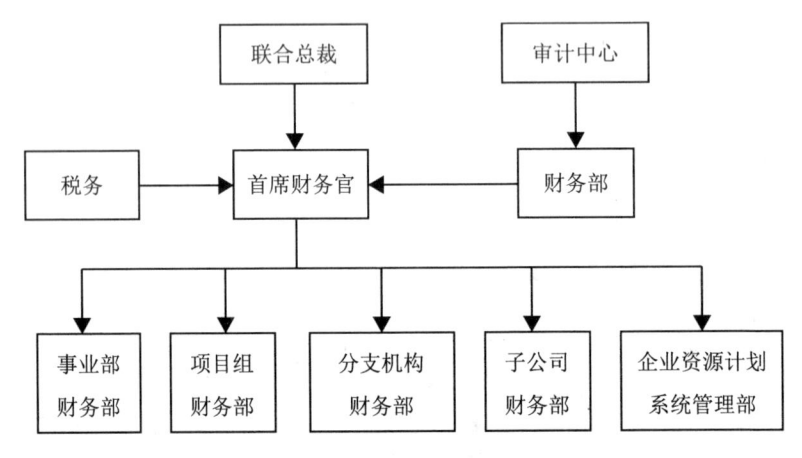

图 7-2 初期财务组织模式

造成这一局面的主要影响因素是李国庆的个人特质。李国庆在财务决策方面是典型的保守派，在无法预期确保盈利的状况下对财务会计管理活动非常谨

118

慎，当当网在经营过程中步步为营。另外，当当网是相对比较集中的股权结构，虽是上市企业但当当网的绝大部分股份在此阶段还是集中在李国庆夫妇以及企业创业团队的核心人员手中，对分权极为不利。

2. 成长期（2010—2015 年）

国内电子商务企业竞争激烈，具有中国特色的网络交易方式形成，电子商务呈爆发式增长，竞争者采取大刀阔斧的改革方式，实现跨越式前进。在这种社会大背景下，当当网于 2010 年 12 月 8 日在纽约证券交易所敲钟上市，但在上市之后，由于被边缘化，其客户流量和营业收入规模逐渐呈现落后趋势。

在财务会计管理模式上，当当网在上市初期就着重对这一方面进行重点改造，在物流上也下足了功夫，形成了资金、物流和信息的三方共享，但由于保守的投资及业务发展战略，当当网在 2012 年中国 B2C 企业前三十名中屈居第七位，财务状况从上市以来连续多个季度呈现出负利润，股价也大幅下降，蒸发为上市时期一半的价格。

在会计信息披露模式上，当当网是在纽约证券交易所上市的，国外对于金融市场的监管力度较大，当当网在这种情况下要严格依照国外证券市场要求对会计信息进行及时披露。作为上市企业，此阶段当当网自愿披露程度并不高，总体而言属于市场披露原则下的强制性披露。当当网进行这种会计信息披露模式的原因主要有：首先，在该阶段，当当网在电子商务企业中还属于国内比较知名且有影响力的，因此会计信息必然受到社会各界的广泛关注，因而社会监管力度大大增加；其次，相比于国外金融市场强大的监管力度，国内还属于相对混乱的状态，会计信息披露的大环境没有国外优越，舞弊和披露制度不完善的情况依然存在，不利于披露的顺利进行；最后，据当当网年报显示，其在上市之后到 2013 年，企业的经营利润仍是负数，说明其财务治理的效率一般，因此企业从维护自身商誉、企业形象、吸引潜在投资者等方面来讲，自愿披露程度进一步降低。

另外，当当网在经历了从成立期到上市之前近十年的发展，企业的风险投资比例已经大不如前，占资本的比重正逐步下降，企业的发展已经逐渐对风险投资、融资降低依赖性。这样一来，李国庆夫妇及其家族的领导权、话语权开始强化，对会计信息披露的意愿和强制性随之降低。

在预算管理模式上，以销售预算和现金流量预算为核心，原因在于在该阶段，当当网的市场占有率大幅下降，其现有产品与服务已逐渐失去往日的优势。在这一时期企业开始将眼光看向其他板块以完成转型，因此保持强大的现金流量使应收账款可以充裕地投资于新领域和新项目成为这一阶段预算管理的核心之一。实践证明，当当网在现金流量方面的管理非常谨慎，即使在企业营收大幅下降，报表众多负数的时候，现金流量数额仍然巨大。当当网一直以较低的客户获取成本、较高的客户转化率著称，在成本控制和预算管理方面一直都做得非常出色，主要原因有以下几点。①当当网虽然是事业部制的财务组织模式，但是旗下设立的事业部掌握的财权并不高，控制权依然是偏向集中型，分权程度不高，因此各部门预算难以偏离集团的管理。②领导者特质。当当网的两大主要领导者李国庆和俞渝在预算管理和成本管理中一向比较保守，宁愿固守盈利逐渐下降、市场占有率逐渐被外部竞争者侵蚀的图书销售腹地，也不愿将在这一模式取得的盈利进行其他板块的开发和市场扩张，做好自身在行的领域意识强过进军其他领域做大做强的意识。③当当网对于成本管控的严苛程度已经达到了成本过高就极有可能停止项目的程度，可见其在内部财权管控方面非常强。

在绩效评价模式上，当当网旗下的其他子公司和事业部创业不善者大有人在，降低了企业整体治理水平和效率，拉低了整体基数。从其财务报表可以了解到，其2014年开始由亏损转为逐渐盈利，但与同行业几个佼佼者相比治理效率还谈不上良好，尤其是在经历了京东商城发起的"价格战"之后，企业格局在竞争中被改变，经过行业洗牌市场占有率趋于稳定，盈利情况开始好转，企业治理效率从总体上来说不错，但在资本运作、负债、企业偿付能力等方面依然存在风险和隐患，企业整体绩效有待提升。

在资本管理模式上，当当网资本管理收益总体来说较低。另外，自上市之后，由于风险投资者看低当当网发展潜力因而逐渐将股份从当当网抽离，风险投资在资本中所占比重降低，当当网逐渐对资本市场的运作方式变得陌生，由于融资额大幅减少致使当当网缺少资本进行进一步扩张。使当当网走上保守之路的关键因素也正是这些，同时还有其他原因。①领导者特质。李国庆对资本扩张的态度较为保守。②商业模式创新能力较低。当当网从始至终坚持传统典型B2C网上商城，而并未进行任何商业模式的创新。③在上市之后相继有风险投资者抽离资金，其股权被稀释，领导者开始享受这种掌握更大控制权的模式，缺乏资本扩张动力，风险投资在资本中的比重越来越低。④企业战略扩张性水平较低。由于当当网相对保守的企业战略错失了诸多发展良机，如腾讯曾计划以50%的股价为代价对当当网进行大规模注资，但因当当网领导者保守的企业战略而遭到了拒绝。⑤承担风险的能力较差。经过行业格局洗牌，虽然已从单一的经营方式逐渐走向百货化的扩张路径，但由于领导者对投入项目的保守性，没有在其他领域形成规模占领市场，因此企业的整个财务状况经不起资本运作成功或失败等后果的考验，当资本运作未能达到预期效果时，企业财务状况堪忧。

3. 稳定期（2016年至今）

在此阶段，互联网流量红利已无往日良好势头且逐渐趋于消失，电子商务平台721的流量格局已成定势。当当网继续深耕垂直类细分领域，在电子商务月活跃用户数量增量模块开始进入瓶颈期。阿里巴巴集团于2016年提出"新零售"的概念，电子商务企业反向发展，纷纷开始向线下发展，电子商务行业呈现三分天下的局势。电子商务企业的发展方向除了不断继续扩充品类增加市场占有率和客户黏性外，对物流系统和售后服务优化的理念不断加强，也在积极向全品类综合垂直电子商务发展，形成了适合企业自身发展的运营模式，数量众多的长尾企业使市场竞争越来越细分和激烈。当当网在预算管理方面以成本预算为核心，有了较为稳定的现金流。以下将以电子商务企业六大财务会计管理模式为依托对当当网这一阶段的财务会计管理模式进行分析。

（1）财务组织模式

2016年，当当网从纽约证券交易所退市，自此走上私有化之路。其财务组织模式逐渐完善。随着2018年2月李国庆宣布离开当当网不再担任当当网的任何职务之后，当当网也逐渐脱离过全集权的模式从而走向适度分权化，财务与业务对口，逐渐实现了业财融合。加之大数据时代的到来，企业实现了财务信息的共享。同时成立技术研发部门优化完善平台建设以及对平台数据信息的综合监控，管理效率大大提高。

（2）会计信息披露模式

会计信息披露主要是针对上市企业而言的，当当网自退市之后，会计信息披露方面所做工作相对较少，主要倾向于为媒体公关、企业商会等场合所做的公关数据披露。

（3）预算管理模式

就预算管理而言，当当网在稳定期阶段的预算管理和成本控制方面仍然做得比较出色，更加强化薪酬激励力度，将员工的薪酬奖励直接与事业部的预算管理挂钩，如果预算在执行实践过程中超出过多，那么事业部成员在薪酬方面将受到较大程度的影响。这种模式使事业部在预算管理方面更加谨慎。在现金流量模块继续秉持相对宽松的政策，以体现出企业在严格预算管理，有序合理地运营。

（4）绩效评价模式

当当网绩效评价体系比较强调毛利率的提升和营业收入的增长，主要采用了"利润—成本"模式，而在资本运作方面则有所忽略。即使在净利润为负的情况下，当当网内部仍然存在大量现金，这种情况在电子商务企业中是极少的。

另外，当当网的员工均认为这种沿用传统企业普遍性的绩效评价体系的准确性有待提高，其评价指标没有较好地结合电子商务企业的实际，并缺乏一定的独创性。虽然当当网绩效评价人员素质较好、信息化程度高、内部管控程度强，但也不能改变其独创性不强的局面。

（5）财务信息管理模式

当当网在母公司北京当当网信息技术有限公司的信息技术加持下，企业内部信息整合能力较强，财务信息管理因此得到了优化，传输的财务信息有效度均较高，信息管控程度较强。当当网通过在销售过程中产生的财务数据对经营活动进行更好的决策和预测。其信息管理人员的素质普遍较好，财务信息化的程度也较高。另外，当当网的运营模式与亚马逊类似，但其信息更新速度相比之下较慢，在这方面当当网还有待改进。比如，根据部分客户的反馈，许多缺货的书籍未做缺货登记，销售数据没有根据销售情况进行实时更新，当当网主页上罗列的图书具体信息不够完整和精准，对于客户想要了解的书籍相关细节并未进行全方位的展示。另外，关于读者的反馈和图书的介绍不够详细，对于大量潜在购买者没有起到吸引的作用。

（6）资本管理模式

在资本管理方面，由于当当网在成立初期和成长期企业战略较为保守而错失诸多扩张和发展的良机，因此发展至今，当当网在资本管理模式中仍然秉持稳健政策，同时对于无形资产的重视程度也越来越高。

（二）当当网财务会计管理模式特征

发展阶段不同，当当网对于财务会计管理模式的选择也不同，同时紧跟发展的步伐及时更新财务会计管理模式，及时止损，因而就目前而言，当当网已处于稳定发展阶段。经过三个不同时期的财务会计管理模式的选择与进化，当当网的财务会计管理模式呈现出不同于往日的新特征。

1. 财务与业务的协同性提高

虽然当当网将财务部门同其他部门独立出来，但财务部门仍然与其他各部门相互协作，当当网与消费者之间也逐渐实现同步协作，其财务与业务同步更新,实现了业务与财务的融合。当当网通过信息技术与网络化、动态化的财务会计管理软件相结合的方式为实现业务与财务融合付出了不懈的努力。

2. 财务会计管理的集中性与实时性提高

随着电子商务的发展,电子商务企业财务会计管理模式在动态化的特征下,对财务信息收集汇总和财务信息及时性的要求越来越高,加强财务会计管理的集中性在降低企业管理风险和提升企业管理效率中显得尤为重要。当当网在财务会计管理过程中不断吸取历史教训,在组织架构上不断进行一系列优化和改革,使企业大大提升了整体协作运行效率,财务会计管理呈现出集中性的特征。

另外,当当网根据自身情况,充分发挥技术之长,利用互联网构建自身信息共享平台,企业各部门得以及时在平台上获得相关实时数据,管理决策者则在平台上进行实时监控。当当网关注无形资产的重要性,对财务数据的实时监控,对仓库存储量、订单量、资金回笼效率和获得量等方面的信息十分重视,大大提高了管理效率,充分利用了企业的资源,财务会计管理模式呈现出实时监控的新特征,为财务会计管理目标的实现提供了保障。

3. 无形资产的重要性提高

通常来讲,电子商务企业是通过高新技术的支撑得以正常运营的,当当网也不例外,包括专利技术、非专利技术、商标权、人力资源、数据信息等在内的无形资产是企业资产中最重要的部分。互联网的发展使人们足不出户就可在网络上进行消费。如何吸引销售者,增加客户黏性也是企业关注的重点。当当网在成立初期通常以降低利润,薄利多销的方式占领市场份额,以亏本让利的方式作为营销策略。在此情况下当当网必须通过其他方式获得收益,通过吸引商家入驻而获得平台推广费和使用费等是最好的方式。因此,企业自身知名度和信誉等无形资产的重要性越来越大。作为电子商务典型企业,当当网通过对信息数据收集、统计,分析客户喜好以及商品销量,可以根据市场需求及时调整经营策略。另外,由于需要大量开发交易平台、配套的交易系统,合适的财务软件开发包括预算管理系统、财务结算系统、订单管理系统等,当当网对相关人才需求量大,因此人力资源作为无形资产在当当网发展过程中的重要性明显提高。

(1)财务信息管理模式

当当网内部财务信息整合能力较强。在当当网内部,财务信息化程度较高,信息管理人员的素质较好,也不断利用销售过程中的相关财务数据来更好地进行预测、决策。当当网的运营模式与美国亚马逊网站相似,然而,与亚马逊网站相比,当当网信息的更新速度较慢。亚马逊通过内部的各个部门的相互结合,能够高效地利用好销售数据，而当当网这方面的能力还有待改善。例如，根据一些客户的反应，当当网上罗列的图书信息不够精准，并且关于图书的介绍及读者的反馈并不多，不能很好地吸引潜在购买者。同时，很多书籍缺货但是没有在网站上反映出来，销售数据较为滞后。

（2）无形资产管理模式

与普通的互联网企业运营模式相似，当当网也是在成立初期通过大量的资金投入来提升其知名度，提高其客流量的。仿照亚马逊网站的运营模式，当当网在成立初期主要也是经营图书业务，然后随着平台的搭建，慢慢从事各种百货的销售。同时，仿照唯品会网站的运营方式，当当网推出了"尾品会"，进入百货尾市。然而，在互联网激烈竞争的同时，当当网运营也面临着巨大挑战。

可以看到，中国的阿里巴巴集团、百度及腾讯占领了大部分的互联网市场，而后来的京东商城、苏宁易购也在不断进行市场瓜分。在这样的竞争环境下，当当网的流量面临着巨大的挑战。近些年，当当网的发展缓慢，知名度并未获得较好提升。

（3）资本运作模式

资本运作是当当网一个重要的部分，只有通过在资本市场的融资，当当网才能够在亏损的状况下也能保持其竞争力，不断完善、不断超越。可以看到，当当网筹资的主要方式为风险投资，即引入风险投资者。2006年，当当网获得了第三轮的风险投资2700万美元，这些投资由著名的风险投资机构联合出资。这一次的风险投资无疑给当当网的持续发展奠定了强有力的基础。

三、当当网的财务会计管理模式效果及风险

（一）效果分析

虽然当当网从成立初期过渡到成长期再过渡到稳定期经历了大起大落，但在图书销售领域仍然稳步增长，成绩喜人。2016年，当当网电子书用户超过3000万人，同比增长55%，图书交易规模达到近40亿元，电子书下载量为1亿册。2017年，当当网云阅读应用程序付费用户增长72%，电子书下载册数同比增长51%，电子书销售额持续升高。2018年，在"双十一"促销战中，0时至1时内，当当网的图书总订单量达到1 142 110单，共销售图书4 712 774册。

根据以上数据可以看出，当当网的注册用户和销售额在近几年内不断增加，在网上图书销售市场上仍可占据重要地位。现今，知识焦虑会激发更多人读书。2018年，当当网图书销售整体增速达到45%，自营图书销售量达到15亿册，

当当网"超两亿元俱乐部"成员数量达到12位,当当书店在沈阳、长春、南宁、合肥、福州等全国各大城市不断开设,会员规模突破20万人。

在此将以当当网退市之前四年的年报以及退市之后的网络公开资料整理的数据为依托,从偿债能力、营运能力、盈利情况三个方面分析当当网有关财务会计指标,以其成长期和稳定期为重点进而分析当当网财务会计管理模式的成效。

1. 偿债能力分析

通过选取偿债能力评估的四个最主要的指标对当当网的短期偿债能力结合其财务会计管理模式发挥的作用进行具体分析。根据其各个指标分析结果如表7-1 所示。

表 7-1 当当网偿债能力指标

单位：%

主要指标 \ 年份	2012年年底	2013年年底	2014年年底	2015年年底
流动比率	1.20	1.10	1.10	1.15
速动比率	0.67	0.52	0.53	0.54
产权比率	3.85	5.38	5.66	4.33
资产负债率	0.79	0.84	0.85	—

这就导致应付账款增加幅度大,流动资金诸如现金则大量减少,这就是企业产权比率逐年升高,流动比率逐年下降的原因。2014年,当当网基本完成由单一图书类经营向百货类多模块化经营转型,此后流动比率逐渐稳定,其经营逐渐步入正轨。通过速动比率可以看出,当当网在2012年到2013年是下降的,随后开始走向平稳。根据电子商务投资回报率理论可知,企业主要通过投资获得返回的价值,也即从一项投资活动中获得回报,在该理论的支撑下,企业融资资本如何使用、预算管理政策如何实施显得尤为重要。

因此,根据数据分析可知,当当网产权比率逐年升高、速动比率逐步下降的原因主要有两个。一个是当当网保守的预算管理模式,在成立初期流动资产较少而库存较多使速动比率下降,但随后基于严格的预算制度,企业库存有所减少,通常是以降低利润吸引消费者购买从而减少库存使速动比率趋于稳定。另一个是因为资本管理模式的不断优化。当当网在资本管理方面一向处于保守态势,在发展期,营业成本在转型的驱使下无可避免地增加,因此在发展初期也即上市之后的2011年其开始处于亏损状态。但随着转型的结束,当当网于2014年开始盈利,其所有者权益由于用来弥补亏损的盈余公积而变少,这就造成了当当网产权比率变高。由表中可以看出，当当网的资产负债率是比较合理的。这主要是由于当当网资本管理模式严谨，企业重视毛利率，负债较低，财务会计管理具有稳健性的特征。

2. 营运能力分析

反映企业营运能力的指标主要有存货周转率、应收账款周转率、流动资产周转率、固定资产周转率、总资产周转率五个，基于这五个指标结合当当网财务会计管理模式在其中发挥的作用对当当网的营运能力进行具体分析，数据结果如表7-2所示。

表7-2 当当网营运能力指标

单位：%

年份 主要指标	2012年	2013年	2014年	2015年
存货周转率	2.91	3.22	3.27	3.49
应收账款周转率	80.99	128.55	230.65	281.06
流动资产周转率	1.53	1.80	2.02	2.12
固定资产周转率	46.09	33.30	30.86	36.85
总资产周转率	1.46	1.68	1.87	1.97

根据表中数据可知，当当网的存货周转率一直处于上升的趋势，虽然资金占用和存货流动性有一定合理利用，但是与电子商务其他龙头企业相比还具有一定的差距。当当网的应收账款周转率、流动资产周转率和总资产周转率均处于逐年上升的态势。这主要是因为当当网的财务会计管理模式取得了一定的成效，当当网对于应收账款建立了良好的管理制度。同时也是受B2C网络支付方式的影响，电子商务企业多使用第三方平台支付手段，先付款后做业务的方式使当当网的存货周转率低于行业水平。总资产周转率逐年升高的主要原因是其总资产的利用率随着上市之后大大升高。另外，由于当当网实行转型需要增加仓库数量所以固定资产增加，利用效率大大提升，固定资产周转率随之下降。以上这些都与当当网的预算管理模式和资金管理模式有着紧密的联系。

3. 盈利情况分析

根据数据显示，当当网自2012年至2015年净利润逐年上升，由负转正，这主要是因为当当网在上市之后实施比较谨慎的成本控制制度，未走资本扩张之路，在一定程度上实现了其成本和预算的饱和，从而扩大盈利空间。当当网利润指标见表7-3。

表 7-3 当当网利润指标

单位：亿元

年份 主要指标	2012 年	2013 年	2014 年	2015 年
营业收入	50.21	60.46	76.35	90.12
营业利润	-4.46	-1.71	1.05	1.18
利润总额	-4.44	-1.43	0.88	0.77
净利润	-4.44	-1.43	0.88	0.92

根据 2016 年和 2017 年当当网的财务报表数据（表 7-4）可知，截至 2016 年年底，其总资产小于总负债，依照资产负债率 100% 的临界值来看，2016 年当当网的资产负债率为 109.9%，远高于该临界值，也就是说在这个阶段当当网资不抵债。反观 2017 年，资产负债率降低到 99.6% 左右，虽趋近临界值但是跟 2016 年相比，情况大有好转，这可能跟当当网从纽约证券交易所退市逐步实现私有化有关，同时在私有化过程中，利益相关者指标降低。根据企业绩效评价理论可知，企业绩效评估主要是通过数据进行适当的采集、分类、整理、解释、分析和传播，从而量化企业过去的经营效率和行为效力，并根据量化结果进行企业决策和未来战略规划，而电子商务企业则还需要在财务指标的基础上结合非财务指标，如利益相关者等，进行分析和评判。当当网相对重视利润，对负债保守的财务会计管理风格使其在经营过程中较为考虑利益相关者的需求，因此即使在总负债高于总资产的情况下仍然极力保持净利润的正数，说明其绩效管理大有成效。

表 7-4 当当网财务报表数据

单位：亿元

年份 主要指标	2016 年年底	2017 年年底
总资产	34.50	40.00
总负债	37.90	39.80
流动负债	—	39.48
营业收入	95.5	103.42
营业利润	1.35	3.35
利润总额	1.79	3.70
净利润	1.32	3.59

当当网的经营业绩从完成私有化开始到保守集权管理者李国庆的退出再到俞渝独立管理，始终呈现上升态势，企业的经营发展方向整体向好。从2016年到2019年，当当网的销售额和净利润持续稳步上升，见表7-5。首先，当当网继续秉持严格的内部控制制度，保留较多的现金交易，这就使预算管理制度健康运行。与此同时，当当网的成本预算与职工薪酬紧密挂钩，企业事业部的预算管理相对而言也比较保守。当当网在转型完成之后，销售商品品类大幅增加，消费者大幅增加，随后市场占有率趋于稳定，用户黏性维持度保持良好，这就促使其销售额稳定增长，净利润也随之增长。其次，当当网的内部传输效率相比同行业而言较高，原因是极强的内部控制制度、财务信息化程度较高，财务会计管理人员的素质较高。通过企业内部财务数据分析可知，当当网在行业内具有较高的用户转化率，尤其在图书领域转化率接近25%，也即每15个网站访问，就会产生一笔交易订单，与其他电子商务企业相比，在图书领域有无可比拟的优势。以上这些足以说明，当当网无论是在预算管理模式，还是在财务会计管理模式方面都取得了较好的成效。

表 7-5　当当网盈利情况

单位：亿元

年份 主要指标	2016年	2017年	2018年	2019年
销售额	95.50	104.00	116.00	130.00
净利润	0.86	2.00	4.25	6.00

（二）风险分析

1. 财务信息管理风险

虽然当当网在财务信息管理模式中是全面电算化的管理模式，但其数据通常是局部共享或是仅仅在企业内部共享，主要启用内部局域网，因此企业财务信息和商业机密都有被病毒侵入和外部入侵的可能，这将导致企业的内部相关交易信息泄露或客户信息流出，最终会给企业带来难以估量的损失。因此，在财务信息管理方面具有一定的风险。

2. 资金管理风险

融资投资管理是电子商务企业财务会计管理的重中之重，提高资金使用率和有效的调度是资本管理的基本。偏向集权化的管理模式使当当网的财务信息质量受到阻碍，在某种程度上，控制、监测等方面与企业资金流动控制严重脱节，事前控制不足。

另外，企业在融资、投资方面较保守，加上内部控制制度缺乏健全机制，使很多决策遵循管理者的意图进行处理，这就造成会计核算制约财务会计管理，管理集权化制约会计核算，资金管理也就相应存在一定的风险。

3. 财务组织管理风险

随着电子商务行业的发展，企业激烈的行业竞争显而易见，在这种背景下，企业未必一定能获得更多利润。与此相反，在市场逐渐趋于饱和，流量红利趋于消失的情况下，企业的盈利状况环境变得更加艰难，市场份额的占领和争夺对于电子商务企业来说仍然是重中之重，各大电子商务企业不断寻求融资资本进行投资从而争夺市场份额。

中国电子商务行业发展报告数据显示，电子商务行业格局已定，阿里巴巴集团占据市场总体份额的 70%，其他先行企业如京东集团、苏宁集团也正在拼尽全力抢占市场份额，打"价格战"在这种激烈竞争环境下成为最直接的方式甚至成为常态。企业应当具备稳固的财务组织模式，发挥组织机构在财务会计管理当中的作用，从而增强企业实力，使企业在风险当中立足。当当网在实行私有化之后，财务组织模式的集权程度有所降低，其资金流量在私有化之后十分紧张，对风险投资的依赖程度已经不复存在，在财务组织模式上虽进行改善，实行一定程度上的分权，但总体来看集权程度依然偏高。在这种模式下，财权分配的程度未得到有效改善，虽在预算管理上影响不大，但会导致其财务决策具有较大局限性，资本规模也因此失去竞争力，这些都是当当网财务组织管理带来的相关风险。

四、当当网的财务会计管理模式的不足

当当网的财务会计管理模式虽然在企业管理中取得了一定的成效，但也存在一定的问题与弊端，下面就其在领导者集权化、内部控制制度不完善、缺乏有效的评估和管理激励机制等方面存在的问题进行具体分析。

（一）领导者集权化

经过对当当网进行研究发现，当当网领导者集权化的现象贯穿其财务会计管理模式的始终。与分权程度较高的企业相比，过于集权化的财务会计管理模式对企业的发展有一定的阻碍作用，领导者的个人特质极大地影响和左右着企业未来发展的走势和企业的经营战略。

当当网在退市乃至李国庆退出、实现私有化之前，其权责分配方式偏向集权制，李国庆夫妇掌握了当当网的绝对权力，其管控方式非常注重成本控制和财务会计管理战略上的控制。直到李国庆退出当当网，俞渝独自掌权以来，该模式从总体上来讲并未得到深刻改善，这种模式虽然在预算管理和成本控制方面取得了较好的成效，但在企业发展扩张过程中又成为阻碍，过于保守的领导者特质在集权化的财务管控模式下使企业极易错失发展良机，是其财务会计管理模式的不足之处。

（二）内部控制制度不完善

控制环境是内部控制框架构建的基础，也是企业内部控制的子部分。众所周知，当当网在2016年实行私有化之前，一直是李国庆、俞渝夫妇共同经营的"夫妻店"模式的电子商务企业，夫妇二人在当当网内部担任要职，重视主营业务，配有庞大且完备的销售体系和制度。在组织结构方面，股东以李国庆夫妇为主，二人掌握着当当网绝大部分的股权。经营权和所有权的分离程度整体而言比较低；在人员管理方面，当当网的人事任免权由李国庆、俞渝控制，高层管理者也直接由二人任命，另外还存在较多亲缘关系掌握重要职能部门的情况。

（三）缺乏有效的评估和管理激励机制

当当网的预算管理执行情况与员工的绩效紧密挂钩，在企业预算管理流程中，以预算执行结果来考核责任人员和部门，并据此进行评估激励，这种评估方式受到主观因素的影响，同时与当当网最高管理者的个人管理特质密不可分，具有个人化评估的特征，使考核过程缺乏激励机制。这一评估方式使评估工作流于形式。

第三节　企业财务会计管理模式的具体应用
——以淘宝网为例

一、淘宝网财务分析

（一）营运能力分析

由于淘宝网不存在存货和应收账款，所以人们只能通过总资产周转率、流动资产周转率、固定资产周转率分析其营运能力。淘宝网的固定资产周转率都较高，这就可以说明淘宝网对固定资产方面的投资还比较合理得当，分布也较好，整体的运营情况良好。如果固定资产数量过多或没有充分利用就会导致设备闲置。

（二）偿债能力分析

从短期负债比率看，淘宝网的资金流动性较好，短期偿债能力较强。从长期负债比率看，资产负债率＝负债总额／总资产×100%，产权比率＝负债总额／股东权益×100%。阿里巴巴集团的债务负担逐年增加，长期负债能力下降，债务负担加重，而从产权比率可以看出其偿债能力受股东权益的保证程度也逐渐下降。这应引起人们的重视，设法控制并改变这个趋势，改善其长期偿债能力。

二、淘宝网财务风险防范策略

（一）采用全面预算管理方法

全面预算的工作需要企业所有的员工一起努力完成，并且要得到企业上层领导充分重视。全面预算就是指企业对一段时间内的支出及财务活动做出的安排，其作用主要有以下两点：第一，将企业的宏观目标，以清晰的、直观的、易于理解的数字化的形式表现出来；第二，企业未来朝着什么样的目标发展，体现在员工的年终绩效考核标准上。企业可以通过预算和企业自己的真实情况，对企业人力、财力等进行合理的安排，最终让企业获得更多的利润，加强企业抵抗未来风险的能力，使企业健康长久地发展。

（二）加强应收账款风险控制

企业各个部门的主管要重视应收账款的管理工作，其重点在于日常管理及良好的信用。主管要想对应收账款进行更好地管理，自身要树立良好的观念，加强对员工责任感的培育，通过正确的销售渠道收回账款。

另外，企业要采用科学、合理、公平的内部管理制度防止信用风险的发生，要做到对账龄的跟踪及年限分析，通过内外结合的方法让信用风险率降到最低。

（三）采用坏账准备金制度

稳定性原则和谨慎性原则是一个企业在管账过程中所要注意的两个基本原则。企业要想长久发展下去，就要遵守这两个原则。所谓稳定性原则，就是让企业在对可能产生的风险进行预测的基础上建立坏账损失系统、坏账弥补方案，增强对坏账风险进行预防的能力，增强企业自我保护的能力，让资金的流动更顺畅。谨慎性原则是对坏账准备金的储蓄，是稳定性原则的延伸和细化，主要的做法是以每个季度应收账款总数的百分之几作为准备金，对不同账龄的账款，准备金所占账款的比例不同，账龄越高，比例越大。

（四）采用赊销审批制度

从企业赊账的角度看，在这方面企业要结合自身情况决定。第一，对于那些在淘宝网上销售较快、较受欢迎的产品，淘宝网应当遵循坚决不赊账的原则，这样销售出去的产品，尤其是理财产品，获得的现金就可以再次用到其他产品上，反复循环才能使企业获得最大利益。第二，对于那些销售较慢、不受欢迎的产品和服务，可以选择赊账的方式，尽快处理产品，这样才能减少损失。选择这种方式一定要将赊账落实到具体责任人，防止不合理交易的产生，对及时还款的人员实行现金奖励制度，只有这样才能减少赊账风险，增加盈利。

（五）建立健全财务预警系统

淘宝网属于互联网企业，因此该企业有很强的现代化特点，企业内部管理也趋于现代化，加之淘宝网有较好的财务分析和管理系统，以此能达到及时获得信息和数据的目的，如资产数据、营销数据等。通过相关的数据分析模型对数据进行分析，就能通过分析确定和评估风险。然而，完善的数据分析系统只能解决某些问题，对于企业盈利能力、未来风险的管理这些关键问题还需要制度保证，只有制度和系统相结合才能进一步降低和防范风险，让企业健康长久地发展下去。

第八章　企业财务会计管理模式的改进

电子商务大大地促进了企业的发展,甚至革新了企业经营管理的模式,深刻地改变着世界。我国企业长期以来财务会计管理水平较低,财务会计管理没有和业务需求相结合,而是以会计核算为主,这已远远不能满足电子商务企业发展的需求。本章分为电子商务企业财务会计管理模式现状的影响因素、电子商务企业财务会计管理模式的改进两部分。本章主要内容包括电子商务企业财务会计管理模式面临的挑战、电子商务企业财务会计管理模式的改进措施等。

第一节　电子商务企业财务会计管理模式现状的影响因素

企业的财务会计管理模式的构建必须考虑新的电子商务环境,因此电子商务企业要构建出新的财务会计管理模式,以适时调整财务会计管理战略以适应新的业务需求。我国电子商务企业的财务会计管理模式现状有以下几方面的影响因素。

一是对于财务会计管理目标的选择是在适当的环境下,财务会计管理要达到的预期合理的程度。所以,企业的财务会计管理目标是财务策略定向的出发点和落脚点。通常而言,财务会计管理目标基本包括了股东财富最大化、企业价值最大化、利润最大化以及客户利益最大化几种。对于发展中的电子商务企业而言,首先要做到客户利益最大化以占据市场份额和提高组织信任度。

客户是利益之源,占据市场才有资格在适当条件下进行战略定价以获得更大利益,所以对于这一点财务制度上要适当放宽,谋求长远的经济利益和财务均衡。财务会计管理模式的正确选择要结合电子商务企业财务的自身特点,考虑实际电子商务业务的交易要求,选择出适宜、适时和适度的财务考评原则、方法,尤其是相应的财务参数。

例如，不同企业对不同时期的不同业务采取的收账政策和付款方式就会不同。在此基础上确定财务会计管理模式的结构与功能，并且要一层一层去分解到各项业务和相应的财务模块中去，实现对经济业务的总体财务规划。同时，要根据企业内部经济需要的责任制，把财务会计管理所包含的各项指标进行细化，明确企业的财务会计管理模式里各个部门、各个岗位和各个产品模块的责任与权利，明确彼此必须完成的工作与必须提供的信息，并且对现实执行情况要实行严格的审核，确保电子商务企业在高速发展业务的同时财务会计管理活动可以顺畅有效地进行，以实现企业财务会计管理的预期目标。在电子商务与创新金融交互，假日经济现象更加显著的今天，财务流程改造变得更加必要。电子商务企业本身要对业务流程依据实际问题重新设计或重新思考。企业要提高服务质量和缩减成本，以现代化企业的业绩标准作为基本考核标准，就必须再造电子商务企业的财务流程。财务活动一定要更加注重内外部之间的协同，特别是要注重具体的业务环节和财务会计管理活动二者之间的有效融合，使整个财务活动具有开放性。要合理利用局域网和广域网，让不同部门能够有权限使用报告工具，有权限自动输入需要汇报的结果。根据财务活动的目标，自动生成各种类型的财务数据和报告。当然，各个财务子部门及其他管理机构也能即时获得财务会计管理的相关信息，加强电子商务企业各项业务的互动，进而实现事前可预测、事中可控制和事后能反馈的财务会计管理格局，推动企业财务会计管理活动的不断改善。

二是高速发展的电子商务企业需要财务会计管理也必须提供适时的智能化账务体系。账务信息系统要根据业务系统的不断变化灵活调整和预测，构建智能的账务模式。例如，从订购下单到确认收货或者退货入库，扫描码传回的信息指令应该迅速转化成账务数据和符号，体现在企业的账务系统里。在现行财务会计管理体系下，把账务信息需求的类型划分为控制的导向、决策的导向与核算的导向三种，立足于这三种导向与电子商务企业的账务智能化、信息化以及电算化之间的联系，完成电子转账结算与电子货币的支付等其他相协同的财务电子化流程。总之，现代化的电子商务发展要求企业形成信息互动与资源共享的财务会计管理模式，实现凭借网络就能对企业的财务活动进行监管的职能。

三是在电子商务环境下包含的网络安全问题也不得小视。企业必须要重视财务会计管理体系的安全性，保证企业的财务数据不外泄，保证资金运转和商业秘密等不流失。对于此，实行分离监控和操作、设置权限指纹验证、设置风险控制阀等措施，可以对高速流动的电子商务财务数据进行安全护航。

第二节 电子商务企业财务会计管理模式的改进

一、电子商务企业财务会计管理模式面临的挑战

（一）企业管理内容琐碎

一般来说，在电子商务背景下，企业的财务会计管理工作都会有自己独特的模式，因此管理内容会变得相对琐碎。出现这种情况的主要原因是，在电子商务环境中，企业经营的项目和业务类型被划分得更加细致，企业若想扩大销售额与知名度，就需要与京东商城、淘宝网等电子商务平台合作，但是，平台会收取一定的费用，且费用项目较多。以京东商城为例，作为我国最大的电子商务交易平台之一，京东商城电子商务平台在网店的运营和管理过程中，会收取成交金额的一部分作为佣金，而且费用会直接从用户的订单中扣除。除掉佣金部分的钱会转入商家的银行账户中。在这一过程中，商家实际销售的金额和得到的回款会出现金额上的差异。不仅如此，平台给付商家发票的时间也相对滞后，为其管理工作带来了一定难度。如果不能及时调整财务会计管理方式，会造成企业财务账目混乱。

（二）平台核算工作量大

在大部分电子商务平台中，平台的使用费和管理费是以年为单位收取的。比如，京东商城中的企业店铺，每年收取费用为 3 万元，企业若想进行账目细化管理，就需要每个月对使用费进行分摊核算，增加了财务会计管理的工作量。

除此之外，一些电子商务平台在组织促销活动时，大部分的资金处理方式都为预存模式。平台会根据用户的点击量以及实际交易金额所产生的费用，为商家开具发票。但是，这也会出现发票的金额和实际经营金额有差异的情况。所以，企业要根据电子商务平台费用管理模式，制定出具有针对性的企业财务会计管理方案，以确保各项账目都能在规定的时间范围内精准核对，提高企业财务会计管理能力，进而扩大企业财务会计管理工作范围。

（三）人员操作技能生疏

传统的财务会计管理工作信息主要来源为原始凭证与磁盘信息，进入电子商务时代，财务会计管理人员需要熟悉互联网销售环境，并对各项内容加以运

用。一些财务会计管理人员知识结构陈旧，对于计算机操作和使用都较为陌生，这种情况不能满足新时期电子商务对财务会计管理人员提出的新要求。

因此，电子商务时期的财务会计管理人员不仅要具备专业的财务会计工作能力，同时还要有丰富的电子商务和计算机操作知识，以提高自身的工作水平。企业应选聘培养懂财务并熟悉网络技术的技术型人才，积极推动企业的财务会计管理工作更加快速和有效发展。

二、电子商务企业财务会计管理模式的改进措施

（一）电子商务企业针对成本控制的改进

在一般情况下，随着电子商务企业的不断发展，会出现经营成本收缩的现象，俗称边际成本递减。这种现象一般会在运费、制费和管费方面完整体现出来。随着电子商务环境的不断更新，电子商务领域的发展更加清晰地体现在这三方面。与此同时，这个过程普遍带有二元成本特色。也就是说，电子商务企业在降低管理等成本的同时，也必须加强网络资本与平台成本的投入，这使电子商务企业也带有成本操控的矛盾。日新月异的网络环境使发展迅速的电子商务领域竞争出现了一个明显的变化，那就是企业可以不断降低经济活动的交易成本。电子商务领域具有可变成本低以及入行投入高（期初固定成本高）的特点。此特殊性使年成交量较大的企业，更有可能获得可观的经济利益。而财力有限、交易量不足的企业就难以获得竞争优势，使行业的"贫富差距"拉大。与此同时，这个领域有着明显的规模经济特性。

例如，在图书的销售领域中，小书商与大书商之间的竞争差别会很大。北美地区的网上书店巨头亚马逊的发展壮大是一个典型的例子。其本身能展示图书350万余册，满足世界范围内的消费需求，但企业的管理者只有两个人，只进行简单的分类和列示，几乎难以想象的管理模式居然实现了如此可观的经济价值。在科学技术的发展过程中，电子商务企业对组织机构实施变革，可以让企业本身在人员成本上大大降低，以往冗繁的机构可以精简到几个人来实现，当然这需要打破传统的组织文化观念和触动到相关利益，但从长远来看，组织机构变革势在必行。

例如，实行扁平化模式运营的欧特克公司业务不断虚拟化。采用这种模式，随着欧特克业务不断发展，组织管理成本会出现逐步下降的态势。经济规模壮大是电子商务领域发展的一个基础要求，通过这种理念，可以实现低成本、高收益的理想发展目标。电子商务企业应该选择合适的合作方，维持稳定的价值

分享和风险共担关系。这在运输损失、交易成本、仓储成本等方面，都会给企业节省不少的资金。开展电子商务项目的调研和可行性分析，可以了解市场的第一手资料，如供给行情、竞争对手业务和线下优势等，减少企业本身的信息成本和不必要的投资，通常也可以采用在线访问、论坛讨论和电子邮件方式予以实现。对于不断出现的网络交易纠纷，电子商务企业可以完善货物跟踪体系、建立自助投诉平台和做好售后跟踪调查并维持客户资源，最大限度地降低企业的履约成本。但是作为技术更新的网络设备成本，电子商务企业应该加大投入力度，在物质资源上为业务的开展做好充足准备。在这一点上，只要企业的发展突破了长期盈利平衡点，利润将很可观。

（二）电子商务企业针对收入实现的控制

基于电子商务领域收入定义的特殊性，企业对收入的调控拥有了更大的自主性。目前，我国在电子商务领域的立法还不完善，电子商务企业与其他企业一样，只能在一般行业的法规范围内经营，对于会计记账也是这样。在企业的发展进步过程中，电子商务企业本身的运营控制也必须在会计制度体系的范围内进行业务办理和分析，还要将其特殊性考虑在内。

比如，当前财务制度对商品销售型收入的定义为，对于企业的产品，把所有权的主要报酬与风险已经转移给了商品购买者，出售商品方不保留相关的继续管理权，也不再控制已转出产品，跟经济业务有关的利益流入企业的可能性很大，可以用货币计量相关的成本与收入。然而，电子商务领域收入的判定，完全不同于传统经济活动。基于电子商务的业务流程视角，交易活动基本上可归纳为如下几类：买断所有权后的自身出售行为，在协商的前提下获得高于协定价的收益，获取代理业务的比例收益，单纯媒介，只收取手续费的简单模式。除了最后一种方式，别的方式都体现在业务成果首先在电子商务企业得以实现，紧接着进行收入的划转和分享。为了扩大企业声誉，电子商务企业很愿意把这些经济活动产生的资金流都作为自身收入以披露出来。实际上，电子商务企业取得的只是该项业务收益的很少一部分，淘宝网的利润也没有"双十一"公布的那么高，这仅仅是其中一部分。因此，我们就需要判断这种电子商务收入是否为非网络收入。

目前，我国的财务制度并无可参照的规定来区分电子商务的收入是否为网上获得，是否属于代理型和是否具有真实性。如此一来，纵然是收入这样平常看来简单的概念，面对在网络经济环境中运行的电子商务企业，依然得重新规范。

基于电子商务企业收入的确定难度，财务工作者需要按照业务的发生事实正确地进行判断。虽然网络对制造阶段的影响比较有限，IT技术进步也不能取代物质商品的制造，但是，流通和交易环节已经受到了很大的冲击。数千年的传统经济发展格局，主要站在契约制的基础上实现社会信任度。业务的开展从定金的预付，经历发货和接收，到票据背书计入凭证，伴随着风险和报酬的流转，构成了一个古典的业务链。在网络科技不断发展的今天，在无契约约束的条件下，收益实现不能够得到可靠保障，这也给电子商务企业的政策制定提出了更高的要求。在交易成本和交易时间大大减少的条件下，可观的经济收入需要一个稳健的收入保障体系。第三方合作者——银行的出现让现代化电子商务在"银行承兑"模式下加快发展。随着支付宝等收支平台的出现，电子商务企业的信任级别越来越高，收入确认也可以越来越前置。对于可能发生的退货或者投诉损失，电子商务本身可以根据以往的交易数据设置一个收入的抵减参数。在余额宝等产品面世之后，收入的确认还包括了金融创新领域的日平均存款。

基于电子商务企业的收入与费用配比难度，企业本身需要核算恰当的分摊参数和摊销期间。作为会计核算中的重要原则，配比原则要求企业的财务活动必须对应经纪业务的发生时点。一般来讲，配比原则要求企业根据某一特定的区间对所有费用和收益进行核算和分摊。但是，电子商务企业的业务经常具有跨期性和不确定性，使配比原则在此基础上"打了折扣"。企业的财务分摊工作难度相比其他行业要困难数倍，对于产品利润的核算和制造费用、管理费用、销售费用的动态监管就会出现困难。

因此，以往交易信息数据库构建的分摊比例和核算参数将会给电子商务企业阶段性收益目标提供指导。世界已经从工业时代过渡到了信息时代，当前财务体系是随着工业革命长期发展而来的，作为信息时代特有的经济现象，电子商务领域中的财务困难也难以轻易解决。电子商务企业只能在发展过程中不断深化配比原则的创新思维，逐步搭建新型的、符合电子商务企业发展的财务会计管理体系。结合我国经济发展整体放缓的背景，这个课题仍需持续探索。

基于扩大收入的实现范围的目标，电子商务企业在以下几方面进行了创新：增强客户体验，提高客户的忠诚度和交易额；开拓海外市场，抢占国际B2B市场；战线下移，电子商务业务向二三线城市进军，不仅要做大做强，而且要做小做精。

（三）电子商务企业针对纳税活动的筹划

增值税对电子商务企业不利，通过网络这种方式进行交易的企业，由于无法抵扣采购原材料的进项税，反而增加了其采购成本和税收负担，这就增加了企业的支出。

电子商务企业除了运营电子商务业务外，还开展着代理广告、软件开发以及网络客服等业务，所以其涉及的税种也会出现多样性。在业务发展过程中，电子商务企业会时不时出现资金流与物流不一致的情形。

比如，客户到电子商务平台上购买了商品，在虚拟出货手续情形下，资金流通过采购方到电子商务平台，再结转到供应方。但是，当下增值税应税项目的相关规定是，纳税人买到货物、提供应税劳务以及支付货物运费等，这使进项税发票与销项税发票开票单位违背了一致性原则，在实际上是不可以抵扣的。也就是说，进项税额可以抵扣的前提条件是资金流必须和物流一致。对于财务处理方面，电子商务企业通常作为本方收入全额入账，购买方单位则将电子商务企业视作交易资金终结点，进行材料或商品的入账处理。只要电子商务企业实施虚拟的出入库策略，则购进货物的企业无法抵扣采购原材料或者商品的进项税，这将加大购货企业的税负，给企业的长期发展带来信誉限制。在我国现行的增值税类型是生产型，在这种税收形势下，销项税是可以抵扣进项税的，但是对于固定资产这种商品，却不能抵扣。然而电子商务企业为了保障交易的及时性与安全性，必须库存大量的固定资产。

因此，现行税法中固定资产销项税不能抵扣进项税的要求，阻碍了企业的发展。如果税法对电子商务企业采取消费型的增值税政策，或适当降低这方面的税率，就能减轻企业税负，促进我国电子商务行业现代格局的更好形成。

三、电子商务企业财务会计管理模式的创新思考

（一）财务会计管理理念创新

1. 应当具有财务信息的理念

电子商务企业的每一项工作都与信息密切相关，企业网络办公实现普及化，这样一来，财务信息就更加方便获取。另外，财务信息与企业商业机密也有着密不可分的联系，因此也应相应考虑由此带来的财务信息管理风险，具备信息风险意识，从而从根本上实现财务会计管理理念创新。

2. 应当具有财务与业务协同理念

随着业财融合的逐步实现，企业相关财务会计管理人员也应当及时跟进理念建立企业与客户之间良好的联系，同时及时向相关部门反馈，使人员工作积

极性提高，使企业制定多样化的切合企业发展实际的财务会计管理目标。另外，之前的财务会计管理工作基于企业的根本利益，同时以人为本，关注员工的利益，但在员工需求方面有所忽视。而如今，我们需要更加关注企业员工的需求，细化企业员工职责分工，明确财务会计管理权责分配。因此，电子商务企业财务会计管理模式的创新应首先在管理理念上进行创新，财务会计管理的对象不再仅仅关注企业员工同时也应跨度到客户、供应商及其他具有合作关系的利益相关者的方向发展，不断创新财务会计管理对象，树立合作的经营理念。同时企业也应认识到在资金和技术方面可以实现与其他企业的优势互补，企业应当通过加强合作，最大限度地实现共赢。

（二）财务会计管理内容创新

在财务会计管理内容方面创新财务会计管理模式，财务会计管理内容更加精细化。电子商务企业的财务会计管理与传统企业相比，由桌面化向网络化发展，财务会计管理模式倾向于集中式。原来局部化、分散化的管理模式需要进行创新，向远程、共享、集中化的财务会计管理模式转变。通过对财务会计管理内容的创新可以对资金进行实时监控，对会计数据进行及时核算，对财务报表进行快速编制，同时能够充分简化中间管理环节，企业经营成本随之降低，有利于整合财务与业务数据，对市场变化做出迅速的反应。

（三）财务会计管理功能创新

一般来讲，企业财务会计管理的功能是获得更大的经济效益，电子商务企业财务会计管理水平需要通过财务会计管理功能的创新得以提高。通过在电子商务企业内部建立信息共享平台从而对供应链环境进行优化。

例如，当当网在供应链环节设置了标准化的运行过程，该方式保证供应链的标准化，有利于加强企业各部门间的合作与交流，大大提升运营效率，最终实现资源的优化配置。

（四）财务会计管理软件创新

对于财务会计管理软件进行创新就要求财务会计管理技术优化。电子商务企业是在计算机技术基础上进行经营管理等各项活动的，因而软件技术创新能有效提升企业整体管理效率，利用计算机技术对企业资源进行合理优化配置，包括更优化的会计核算方式、更合理的财务控制方式，以更有效地降低成本，还能最大限度地减少人工操作、人工成本及由人工引起的误操作，最终帮助企业增强竞争能力，把握良好的发展前景。

另外，企业应该从实际出发，适当借鉴国外先进经验。在财务会计管理工作中财务软件的应用会直接影响管理效率，根据市场环境和企业自身问题及时调整和更新优化财务会计管理软件贯穿于电子商务企业发展过程的始终。企业财务会计管理软件的使用效率和安全性显得尤为重要。内部信息系统在先进的财务会计管理体系中变得更加流畅，企业也因此能够对数据进行及时收集分析，进而做出相关决策或调整企业发展战略。良好的财务软件能提高财务会计管理效率，有利于企业在较短时间内精确掌握和了解各个管理流程的成本情况和财务信息，进而优化成本控制手段。先进的信息技术系统不仅可以实现高效的成本控制和成本核算，还能通过对结果进行分析，进而及时调整企业财务会计管理的细节，使电子商务企业掌握经营的主动权。

四、电子商务企业财务会计管理的新模式

在电子商务环境下，企业的财务会计管理模式也出现了与传统财务会计管理模式不一样的新模式，如网络财务会计管理模式、动态化财务会计管理模式及国际化财务会计管理模式等。这些财务会计管理模式在一定程度上弥补了传统财务会计管理模式的不适用性，能够更加适应大数据背景下电子商务企业的运营及发展现状。

（一）财务再生模式

1. 财务再生策略的构想

"财务再生"的理念主要源于"企业再生"，是20世纪末期在美国、日本以及欧洲各国形成的一种管理趋势。企业再生就是引导企业在管理中抛弃现有的结构与模式，进而从根本上重新对企业活动流程进行设计，实现颠覆性的改变。财务再生则是企业财务环节重新检查与修正自己的定位，并从组织策略、岗位设置等方面彻底转变工作流程，提升财务会计管理效率。在企业电子商务全球化、贸易一体化的今天，企业运行环境发生了本质性的改变，这就给企业财务会计管理模式的颠覆带来了最好的理由。财务再生策略需要企业摆脱现行财务会计管理模式，从零开始构建出新的、符合企业新时期需要的财务会计管理理念，再通过全流程的细致分析，对财务会计管理中最基本、最主要的环节进行筛选，生成新的财务系统。

企业财务再生策略虽然是适应新时期、新形式的财务会计管理模式构建的理念，但是在实施过程中也给企业带来较大的挑战。再生模式一旦建构成功，

其一方面能够进一步突出财务会计的地位，强化财务会计管理的功能；另一方面也提升了电子商务环境下企业对财务整体环节的掌控能力。

2. 财务组织再生

在财务再生策略的构建过程中，企业为了能够把握机会以及保证财务会计管理的时效性，需要对财务组织进行再生。企业财务组织再生主要包括了组织管理再生以及组织结构再生。从管理层面来看，企业首先是财务组织结构与制度的再生，其次是财务机制的再生；从制度与组织层面来看，企业需要进行财务地位再生、财务人员再生以及企业与外部环境再生；从财务机制层面来看，企业在再生策略实施过程中需要对投资、融资机制进行再生，也包括了收益分配机制等。组织结构层面的再生主要关于企业财务部门机构与岗位的变更，以适应内外部环境的变化。财务再生模式的构建主要体现在企业能够将财务部门的运行流程进行优化，使整体的运行机制变得灵活，积极对组织结构进行创新。

3. 财务资源再生

财务再生策略中对于财务资源的再生主要是对现阶段企业掌控的财务资源进行调整和再生，包括了财务资源的整体结构和规模再生，促使财务资源与新的内外部环境相匹配，提升整体财务资源的利用效率。具体来看，所谓的财务资源指的是企业的资本结构、资产组合、现金流以及收益结构。财务资源的再生结果就是要根据企业的判断对以上因素进行优化。企业对于财务资源的再生事实上与每个企业对自身财务状态的评判密不可分，同时也与企业认定的财务机会和内外部竞争直接相关，也就是企业对于自身财务资源有着何种的评判和把握，就决定了何种方式的财务资源再生能力。如企业在运营中面临并购案时，这对于企业可能是一个机会，财务再生能力强的企业就能够抓住先机。

4. 财务功能再生

企业在电子商务环境下倾向于形成多元化、综合性的财务功能，这同样需要企业在财务再生策略中进行落实，主要表现在以下几方面。

（1）强调财务柔性功能

财务柔性是指企业资本运作、财务活动存在着变数，具有不确定性。也就是说，企业在财务运行过程中，以适应外部环境和处理系统不确定性来管理财务风险为直接目标，并能够以财务资源整合为动力，以财务行为决策优化为路径，以财务行为的风险管理过程和结果为表现的一种系统综合能力。

(2) 凸显财务决策功能

在财务再生策略中,企业可以通过外包的方式交由企业外部机构进行处理,这就使企业财务部门的部分财务人员得到解脱,使其有更多的精力对细节进行管控,对财务信息进行细致分析,实现财务功能的转换。

(3) 强化财务造血功能

对于企业来说资金是企业的"动脉",如果"动脉"循环不畅则有可能威胁企业的安全。因此对于企业来说,讨论造血能力十分必要。在财务再生策略中,企业每个部门、每一层次都属于资金管理的重要组成部分,对造血能力的培养往往需要企业财务会计管理模式的重新架构。因此,企业在财务再生策略实施过程中,不仅要对企业资金管理模式与核算方法进行再生,还要对财务人员的行为与意识进行再生。

5. 财务活动再生

财务活动的再生主要包括企业的筹融资活动再生、对外的投资活动再生、财务营运活动再生、财务分配活动再生等。筹融资活动再生主要引导企业重新审视自己的融资方式组合,寻找现阶段使企业价值最大化的融资方式,以适应新时期的发展。对外的投资活动再生是根据新时期企业内外部环境的变化对投资决策进行灵活调整,对于投资资金的结构进行优化,趋向于合理管理,进而能够降低投资风险,提升投资收益。财务营运活动再生是企业根据环境变化需要改变流动资产来源和资金运用,让资金运用能够适应新时期企业变化,并在此基础上采用新的方式给财务营运环节带来冲击,调整现金持有额度、优化应收账款和存货的管理策略。财务分配活动再生主要表现为重新调整利润分配政策、分配形式、分配方式、分配数额,促进企业的长远发展和各方利益的实现。

(二) 动态化财务会计管理模式

传统的财务会计管理模式是一种静态的财务会计管理模式,主要是通过事后反映相关的财务会计资料。在电子商务环境下,财务部门通过互联网技术能够实现动态跟进企业发生的每一笔经济活动,大大缩小了传统上的时间与空间差距。同时,会计核算也由传统的事后静态核算转变成事中实施核算,具有动态化特征,从而也让每笔经济业务的发生以较快速度反映在会计信息中,如图8-1所示。

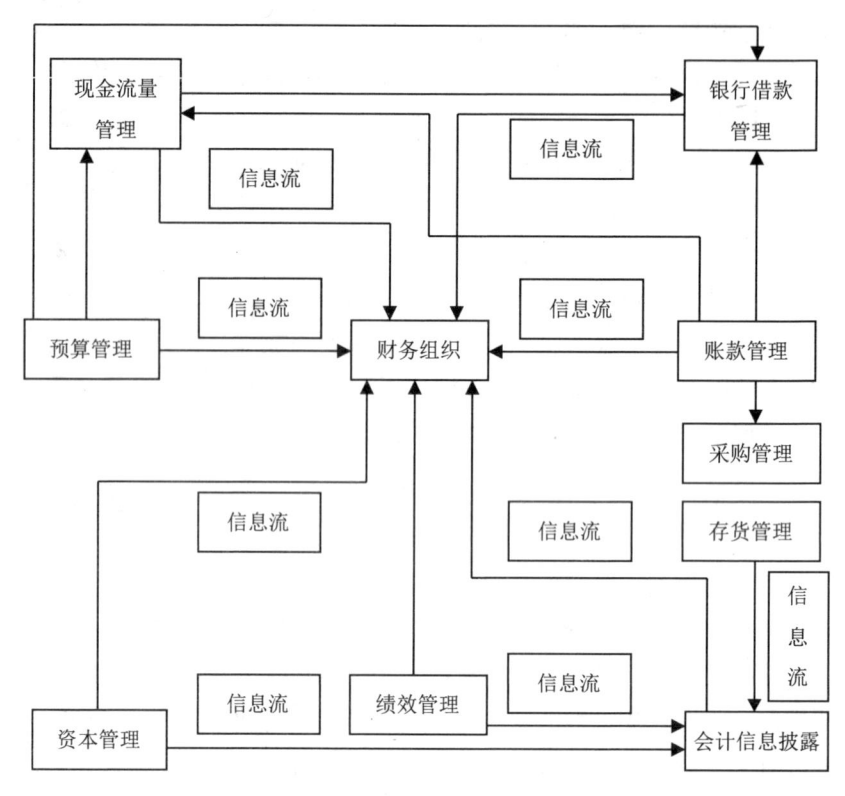

图 8-1　动态化财务会计管理模式

例如，企业能够随时查询银行的资金信息，能够随时查询相关商品的定价等。在这样的情况下，财务会计管理实现了传统的静态模式向动态模式的转变，使企业管理者实时跟进、了解和掌握企业全面的经营和财务状况，并迅速而准确地做出决策，从而让企业财务会计管理风险进一步降低。

参考文献

[1] 胡逢才. 企业经营管理者与财务会计 [M]. 北京：冶金工业出版社，2000.
[2] 郭卫华. 网络中的法律问题及其对策 [M]. 北京：法律出版社，2001.
[3] 赵新先. 现代中药企业管理 [M]. 广州：广东世界图书出版公司，2001.
[4] 刘文臻. 如何做好财务主管 [M]. 2版. 北京：企业管理出版社，2005.
[5] 金思宇，张鸿钧. 中国特色企业文化建设案例：第一卷 [M]. 北京：中国经济出版社，2005.
[6] 王建，熊筱燕. 会计管理与案例评析 [M]. 上海：立信会计出版社，2007.
[7] 李德文，刘书芳. 中级财务会计：工商企业版 [M]. 武汉：武汉理工大学出版社，2008.
[8] 蒋元涛，魏忠. 电子商务管理 [M]. 北京：人民交通出版社，2008.
[9] 骆念蓓. 电子商务管理 [M]. 北京：对外经济贸易大学出版社，2009.
[10] 刘明. 电力企业财务管理 [M]. 北京：水利水电出版社，2012.
[11] 赖观荣. 网络经济时代的投资管理 [M]. 北京：中国财政经济出版社，2012.
[12] 陈可喜. 财务风险与内部控制 [M]. 上海：立信会计出版社，2012.
[13] 韩静. 企业战略并购财务风险管理研究 [M]. 南京：东南大学出版社，2012.
[14] 郑远民，李俊平. 电子商务法发展趋势研究 [M]. 北京：知识产权出版社，2012.
[15] 侯丽平，陈复昌，韩新宽. 企业财务管理实务 [M]. 郑州：河南科学技术出版社，2013.
[16] 项代有. 中国企业海外并购财务风险管控因素研究 [M]. 上海：立信会计出版社，2015.
[17] 杨柳. 中国企业跨国并购财务风险研究 [M]. 北京：中国经济出版社，2016.
[18] 卢进勇，李建明，杨立强. 中国跨国公司发展报告：2015 [M]. 北京：对外经济贸易大学出版社，2016.

［19］李柏杏，王虹．电子商务概论［M］．武汉：武汉大学出版社，2016．

［20］胡翠萍．企业财务风险传导机理研究［M］．武汉：武汉大学出版社，2016．

［21］于广敏．企业财务管理与资本运营研究［M］．长春：东北师范大学出版社，2017．

［22］栾会燕．企业财务危机与宏观金融风险［M］．长春：吉林出版集团股份有限公司，2017．

［23］景秋云，吴萌，吴韶颖．财务管理理论与实务研究［M］．北京：中国商业出版社，2018．

［24］王延中，龙玉其．社会保障概论［M］．北京：中国人民大学出版社，2017．

［25］刘春姣．互联网时代的企业财务会计实践发展研究［M］．成都：电子科技大学出版社，2019．

［26］吕峻，胡洁．企业财务风险识别和评价研究［M］．北京：经济管理出版社，2018．

［27］李克红．“互联网+”时代财务管理创新研究［M］．北京：首都经济贸易大学出版社，2018．

［28］翁文娟，龚丽．电子商务概论［M］．重庆：重庆大学出版社，2018．

［29］王莉莉．中小企业财务管理改革与创新研究［M］．北京：经济科学出版社，2020．

［30］顾素兰．大数据时代下：探讨电子商务企业财务风险管理［J］．财会学习，2020（25）：66-67．

［31］魏福茹．电子商务与传统会计融合的财务管理模式创新探究［J］．财会学习，2020（25）：62-63．

［32］邵博懿．电子商务时代企业财务管理对策研究［J］．营销界，2020（37）：144-145．

［33］杨梅．电子商务企业财务管理存在的常见问题及对策［J］．企业改革与管理，2020（18）：183-184．

［34］曹结斌．网络时代我国电子商务企业财务模式形成机理研究解析［J］．中国产经，2020（14）．37 38．

［35］陈倩．基于"区块链+互联网"下电商企业财务管理问题分析［J］．时代金融，2020（21）：79-80．

［36］胡艳芝. 电子商务环境下企业财务管理创新策略［J］. 合作经济与科技，2020（14）：146-147.

［37］谢文妍，王华. 电子商务企业财务风险管理研究［J］. 科技经济导刊，2020（20）：232.

［38］董月娥. 浅析电商企业财务管理的创新［J］. 商讯，2020（20）：26-27.

［39］张元海. 电子商务背景下的企业财务管理模式研究［J］. 财会学习，2020（26）：37-38.

［40］胡滨洋. 电子商务环境下企业财务管理对策研究［J］. 财富时代，2020（4）：148.

［41］邵琳. 电子商务时代企业财务管理的探析［J］. 时代金融，2020（30）：59-61.

［42］奚艳丹. 基于电子商务环境的企业财务管理创新策略研究［J］. 企业改革与管理，2020（17）：63-64.

［43］周轶喆，张奇. 浅谈电子商务背景下的企业财务管理模式的构建［J］. 商讯，2020（11）：22-23.

［44］周洁. 电子商务视域下企业财务管理措施分析［J］. 营销界，2020（15）：104-105.

［45］王英姿. 电子商务环境下企业财务管理信息化建设研究［J］. 商讯，2020（9）：61.

［46］周文成，肖思思. 电子商务背景下企业财务管理模式的构建［J］. 电子商务，2020（3）：58-59.

［47］朱霄翔. 丹阳眼镜行业发展现状及管理策略的思考［J］. 中国商论，2020（2）：236-237.

［48］李琰，蓝馨蕊. 网络时代我国电子商务企业财务模式形成机理研究［J］. 品牌研究，2020（1）：69-70.

［49］梅向宇，蔡美玲. 电子商务背景下企业财务管理模式的构建研究［J］. 中国集体经济，2020（10）：145-146.

［50］张春雷. 电子商务企业财务分析存在的问题及对策［J］. 全国流通经济，2019（32）：11-12.

［51］袁超龙. 浅谈电子商务环境下的企业财务风险管控［J］. 财经界，2019（23）：88-89.

［52］喻颖，胡薇. 电子商务背景下企业财务管理的变革研究［J］. 全国流通经济，2019（9）：46-47.

[53] 金凤. 企业人力资源管理在大数据时代的创新思考[J]. 企业科技与发展, 2019（3）: 238-240.

[54] 焦琳琳, 刘亮坤, 郭珊, 等. 关于电子商务平台上线与财务管理融合的思考[J]. 商讯, 2019（36）: 27.

[55] 王昕. 大数据对电商企业财务风险管理的影响分析[J]. 学术前沿, 2019（24）: 122-125.

[56] 张轩栋. 数据化管理模式下财务风险问题研究：以苏宁易购为例[J]. 辽宁经济, 2019（4）: 70-71.

[57] 欧玉辉. 财务管理在电子商务环境下的创新探讨[J]. 大众标准化, 2019（12）: 153-154.

[58] 廖文芳. 移动社交网络中用户隐私安全问题研究[J]. 湖南科技学院学报, 2018（05）: 28-29.

[59] 卜繁廷. 电子商务企业财务管理的流程设计研究[J]. 商业经济, 2018（07）: 147-148.

[60] 何明明. 浅析电子商务企业的财务管理模式与流程[J]. 商场现代化, 2016（28）: 196-197.

[61] 徐长达. 互联网企业的财务风险防范控制分析：以××公司为例[J]. 时代金融, 2016（32）: 141-142.

[62] 吴善芬, 王章渊. 基于企业生命周期理论的电商企业财务风险探析：以阿里巴巴集团为例[J]. 商业会计, 2015（10）: 39-41.

[63] 廉玺燕. 试论知识经济时代的财务管理创新[J]. 中国外资, 2013（13）: 155-156.

[64] 李宏伟. 京东商城商业模式分析与发展建议[J]. 电子商务, 2013（5）: 4-5.

[65] 王举颖. 中小企业集群协同商务演进模式研究[J]. 中国海洋大学学报（社会科学版）, 2012（5）: 74-78.

[66] 李思寰. 互联网环境下财务管理模式研究[J]. 财会通讯, 2009（35）: 60-61.

[67] 马琳. 浅析民营企业财务风险成因及防范[J]. 中国集体经济, 2008(1): 135-136.

[68] 陶墉铮, 崔建新, 欧阳枫涛. 大数据背景下京东盈利模式问题探析[J]. 商场现代化, 2021（1）: 28-30.